회사정리절차상 이해관계인의 권리제한

회사정리절차상 이해관계인의 권리제한

이 원 삼 著

한국학술정보[주]

머리말

이 책은 2005년 2월 저자가 제출한 법학박사 학위 논문을 책으로 출간한 것이다. 저자가 기술보증기금에 근무할 당시 기술보증기금이 보유한 구상채권이 회사정리절차로 인하여 채권행사에 제한, 감축, 소멸되는 것을 목격하고 그 이유에 대한 의문이 박사학위 논문의 주제가 되었고, 오늘 이렇게 책으로 출간되게 된 것이다.

원래 저자가 갖았던 의문은 회사정리법이 실체법에 대한 변경을 내용으로 한다면 그 근거는 무엇이고, 한계는 어디까지 인가였다. 그러나 저자의 무능으로 인하여 회사정리법이 실체법의 권리를 제한하는 내용 등에 대한 연구에만 이르고 그 이후의 본격적인 연구는 완성을 보지 못하였다. 아쉽기도 하지만 미완성 연구에 대하여는 평생 학문하는 자로서 마음속에 연구과제를 지니고 산다는 것 또한 행복하다는 말로 위안을 삼고자 한다. 아니면 더욱 뛰어난 연구자가 저자의 의문을 해소해줄지도 모를 일이다. 다만 아쉬운 것은 저자가 직장생활이 바쁘다는 핑계로 박사학위 논문제출이후 제정 시행된 채무자회생및파산에관한법률을 이 책에 반영하지 못한 것이다. 그러나 채무자회생및파산에관한법률(안)을 바탕으로 박사학위논문을 작성하였고, 동법은 회사정리법의 기본적인 골격을 유지하고 있으므로 크게 문제되지 않을 것으로 보이며, 오히려 연구자들에게는 회사정리법과 채무자회생및파산에관한법률과 비교할 수 있는 좋은 연구자료가 될 것으로 본다.

이 책이 나오기까지 많은 분들의 도움이 있었다. 먼저 학문의 길로 이끌어주시고 늘 격려를 아끼지 않으시는 송종준 교수님과 논문

심사를 맡아주셨던 교수님들께 감사를 드린다. 또한 이 책을 출간 대상 도서로 선정하고 출간해주신 한국학술정보(주)의 권현옥팀장님과 채종준사장님께 감사를 드린다.

끝으로 자녀를 헌신과 기도로 돌보시는 부모님과 늘 옆에서 무한한 사랑과 신뢰로 학위과정을 격려했던 아내와 아들에게 고마움을 표한다.

2006년 12월 이원삼

|목 차|

제 3 장 정리절차 개시 전 임시적 권리제한 ·····························71

제4장 정리절차 개시 결정에 따른 절차적 권리제한 ·············117

|표목차|

제1장 서 론

1. 연구목적

기업 퇴출제도는 기업의 경쟁력 강화를 간접적으로 유도하는 제도적 장치일 뿐만 아니라, 직접적으로 산업구조상 한계기업의 퇴출이라는 자유시장 경제논리에 가장 부합하는 제도이다.

기업퇴출제도는 동전의 양면과 같아서 일면 한계기업의 청산이라는 차원에서 접근이 가능하지만 다른 측면에서는 한계기업을 회생하도록 하는 과정일 수도 있다. 현재 우리나라의 퇴출제도는 크게 화의법, 파산법, 회사정리법, 기업구조조정촉진법 등의 법률에 의한 사법적제도(司法的制度)와 직접적인 법의 규제 보다는 채권자와 채무자 간에 협의에 의하여 진행되는 사적(私的)인 제도로 구분할 수 있다. 전자의 예로는 화의, 파산, 회사정리를 들 수 있으며, 후자의 예로는 부도유예협약, 사적계약 등을 들 수 있다. 또한 각 절차의 최종 목표가 기업의 청산 혹은 재건인지에 따른 구분이 가능한데 상기의 예 중 파산은 청산을 목적으로 하는 절차이고 그 외의 것들은 재건을 목적으로 운영되는 절차이다.

청산형 절차는 대상기업의 재산관계를 청산하여 전 채권자에게 자신의 권리에 부합한 대상기업의 재산을 공정하게 분배하는 것을 목적으로 함에 반하여, 재건형 절차는 이해관계인의 권리를 조정하여 기업을 유지하면서 재건하는 것을 목적으로 한다. 재건형 절차는 책임재산이 있음에도 불구하고 대상기업의 재건을 목적으로 권리행사를 제한하는 것이므로 관련 이해관계인에게 미치는 파급효과가 책임재산을 모두 분배하는 청산형 절차보다 크다.

역사적으로 재건형 절차의 출현은 청산형 절차를 통한 채권자의 만족을 극대화하는 과정에서 시작되었다.[1] 최초 파산과 관련된 제정법 들은 채권의 추심에 관한 법으로 개별적 채권추심의 문제점을 해결하여 공평분배를 목적으로 입법되었다. 그 이후 추심액의 극대화 및 잔존채무의 면제가 파산관련 법의 목적에 추가되었고, "파산 상태에서 기업가치를 환가하는 것보다 기업을 계속하게 하여 그 과실로 채무를 상환하게 하는 것이 채권추심액을 극대화하는 방법"임을 알게 되면서 채무자의 기업 활동의 존속을 가능하도록 하였다. 이와 관련된 최초의 제도가 화의(和議)이다.

그러나 화의는 모든 채권자의 동의가 필요한 단점이 있어 이를 해결하기 위한 노력이 나타나게 되었고 채무자의 회생이 반드시 채권추심액의 극대화에 도움이 되는 것이 아님을 인식하게 되었다. 즉, 기업의 존속에 따라 근로자의 계속고용이 가능하고 그로부터 지역경제의 활성화가 가능하게 되는 차원에서 기업의 존속가치를 중시하게 되었고, 결국에는 존속가치를 채권자의 이익에 우선시키게 되었다. 이러한 연유로 절차의 진행이 법원에 의하여 강제되는 새로운 재건절차가 나타나게 된 것이다.

우리나라의 재건제도 중 하나인 회사정리법에 의한 회사정리제도는 이러한 재건절차의 역사적 발전과정을 거친 것은 아니지만, 이러한 역사적 배경하에 성립한 미국 연방파산법을 계수한 일본 회사갱생법을 그 모델로 하고 있으므로 우리 회사정리법을 해석함에 있

---

1) 회사정리절차의 출발점 내지는 이해와 관련된 부분은 오수근, "파산입법의 본질에 관한 연구 －회사재건제도를 중심으로－", 「성곡논총」 제26권(1995), 1429-1466면에 주로 의하였음.

어 위에서 살펴보았던 역사적인 발생 배경을 염두에 두는 것도 중요한 점 중 하나이다.

현재 대기업 중심의 우리나라의 경제구조 및 분업화된 현재의 생산시스템에 국한하여 볼 때, 우리나라에서 기업의 존속가치가 채권자의 이익보다 중시되어야 하는 근거로 하나의 기업이 망하면 그와 관련된 수많은 납품업체가 어려워지고 그에 따라 대량실업이 촉발될 우려도 있으며, 도산한 기업과 납품업체의 대출채권을 보유하고 있는 은행 등 금융질서의 혼란이 유발되어 결국에는 사회전체가 영향을 받게 되기 때문이다.[2]

따라서 일시적으로 재정적 위기에 봉착한 회사에 대하여 이해관계인의 개별적인 권리행사를 금지하고 법원의 감독하에 이해관계인의 권리행사를 조정함과 동시에 기업을 존속시켜 발생하는 수익을 통해 기업을 회생시킬 필요가 있다. 즉 모든 이해관계인의 정당한 권리행사가 집중될 경우 회사가 파탄에 이름은 물론 권리행사 자체도 만족스럽지 못함을 상호 이해하는 가운데, 장차 보다 나은 권리충족을 기대하고 지금의 권리행사를 자제[3]시키는 제도가 회사정리제도로 이해될 수 있다. 이것은 "재정적 궁핍으로 파탄에 직면하였으나 경제적으로 갱생의 가치가 있는 주식회사에 관하여 채권자, 주주 기타의 이해관계인의 이해를 조정하며……"라고 표현되는 회사정리법의 목적에서도 잘 나타나고 있듯이 회사정리법의 특징이다.[4] 그러나 이해관계의 조정이란 다른 의미에서 즉, 민법, 상법 등의 실체법이 인정한 권리에 대한 제한을 의미하는 것이다.

---

2) 최도성·지헌열, 「회사정리제도」(서울대학교출판부, 1998), 7면.

3) 이철송, "회사정리의 정책성과 형평성", 「인권과 정의」 제187호(대한변호사협회, 1992), 10면.

4) 회사정리법 제1조. 이하에서 회사정리법 조문 인용 시에는 '법'이라고 함.

권리제한이라는 용어를 사용하기 위해서는 제한의 정당성 근거를 판단하여 타당하지 않은 경우에 제한이라는 용어를 사용할 수 있을 것이지만 이 책에서는 정당성에 대한 판단은 유보하고 이해관계인 특히 채권자에 대하여 실체법상의 권리가 회사정리법상의 권리와 차이가 발생하는 모든 것을 권리제한으로 보았다.

회사정리절차의 진행은 크게 정리절차 신청 이후 개시 결정까지의 단계, 정리절차 진행의 단계, 정리계획인가 및 그 이후의 단계로 구분할 수 있다. 이하 이 책은 이해관계인의 권리제한을 각 단계별로 기술하여 그 실체를 파악하고 각각에 있어서 개선방안을 제시하는 것을 목적으로 한다.

다만, 회사정리법이 실체법상의 권리제한이라고 전제하고 그에 따른 개선방안을 제시하기 위하여서는 먼저 제한의 근거가 무엇인가? 그리고 그 제한의 정도는 적정한가? 등에 관한 판단이 전제되어야 하나, 이와 같은 판단은 회사정리법에 대한 본질적인 문제가될 것이다. 이와 같은 본질적인 문제에 대한 연구는 차후의 과제로 남겨두고, 이 책에서는 각 단계별 세부적인 모순점 내지는 타당성에 근거한 개선방안을 제시하고, 아울러 2004년 11월 법무부가 국회에 제출한 '채무자회생및파산에관한법률(안)'5)에서 이 책의 주제와 관련된 부분을 소개하고 그 비판을 겸하는 것으로 한다.

---

5) 동 법안은 16대 국회에 제출되었으나, 개인채무자와 관련된 사항만 '개인채무자회생법'으로 제정되어 시행되었고, 그 외의 내용은 처리되지 못하고 16대 국회의 임기만료와 함께 자동 폐기되었다. 이후 약간의 수정을 거쳐 새롭게 제출되었다. 이하의 내용은 법무부가 2004. 11월 법무부가 국회에 제출한 내용을 기준으로 하고 이 책에서는 통합도산법(안)으로 조문 인용 시에는 '법안'이라 한다.

2. 연구범위

이 책은 회사정리와 관련된 국내외의 저서 및 발표논문을 기초로 하여 이론을 전개하는 문헌중심의 연구방법을 택하였다. 이 책의 구성은 다음과 같다.

먼저 제2장에서는 회사정리제도의 경제적 의의와 회사정리법의 성립과 변천 및 그 운용을 살펴보고, 이해관계인의 권리제한의 대상, 즉 이해관계인의 범위를 확정하는 것으로 하였다.

여기에서는 공익채권의 개념, 정리채권 및 정리담보권의 개념과 범위, 주주권의 개념에 대하여 알아보았다. 특히 정리담보권과 관련된 담보물의 평가문제와 관련하여 평가시기, 평가방법 및 평가가 필요 없는 새로운 대안에 대한 검토 및 비판을 하였다.

제3장에서는 현행 회사정리법상 정리절차 개시 결정 이전에 취하여지는 임시적 권리제한의 모습인 보전처분과 중지명령에 대하여 살펴보았다. 특히 보전처분과 중지명령의 기능과 효과에 대하여 상세하게 검토하고, 새롭게 도입되는 통합도산법(안)상의 포괄적 금지명령과 미국 연방파산법상의 자동정지제도의 효용성을 비교하여 고찰하였다.

제4장에서는 정리절차의 개시 결정에 따라 이해관계인을 정리절차에 참가하도록 강제하는 신고제도 및 신고한 채권의 진위여부를 판단하는 조사 및 확정제도를 살펴보았다. 그리고 신고제도가 효과적으로 기능하도록 하는 정리절차 이외에서의 변제금지, 상계의 제한과 관련된 내용 및 신고의 추완과 신고기간 이후에 발생한 채권의 처리문제에 대하여 검토하였다.

특히 통합도산법(안)이 제시한 개선방안인 채권신고의 의제 및 조사기일제도, 확정재판의 간이화 방안에 대한 비판과 그 개선방안을 제시하였다.

제5장에서는 정리계획인가에 따른 이해관계인의 실체적 권리제한과 관련하여 인가구조에 대하여 살펴보았다. 회사정리법의 인가구조는 미국 연방파산법의 인가구조를 모법으로 하고 있으나, 그 해석에서는 차이를 보이고 있다. 이와 관련하여 미국 연방파산법상의 공정·형평의 원칙에 대한 검토를 통하여 현행 회사정리법의 공정·형평의 의미를 파악하는 것으로 하였다. 그리고 회사정리법과 통합도산법(안)의 인가구조의 문제점을 제시하고 개선방안을 제시하였다.

제6장은 결론으로서 지금까지 살펴본 내용을 종합하여 정리하고 이를 바탕으로 향후 회사정리절차에서의 이해관계인의 권리제한에 대한 개선방안을 제시하였다.

제2장 회사정리제도의 개관

제1절 회사정리제도의 변천과 실태

1. 회사정리제도의 경제적 의의

제1장에서 살펴보았듯이 회생제도의 등장은 채권추심절차(債權推尋節次)를 통한 채권자 만족의 극대화를 위한 과정에서 발생하였다. 즉, 기업의 채무상환에 어렵다는 사실(그것이 진실이든 소문이든)이 알려지게 되면 채권자 들은 경쟁적으로 채권회수에 나서게 된다. 그로인하여 기업의 자금사정은 더욱 나빠지게 되고, 채권자는 더 많은 위험에 노출되어 결국 추심액의 극대화라는 목표에 부합하지 못하게 된다. 여기에서 경제적인 모순이 발생한다. 빠르고 확실한 추심은 추심비용을 증가시키고, 경쟁적인 추심으로 인하여 기업의 신용은 더욱 추락하게 되고, 결국 채권회수에 관심이 없던 채권자까지 추심에 나서게 된다. 따라서 기업의 채권자는 파산적 청산을 통한 회수로 인하여 회수율이 감소하게 되는 위험이다. 예컨대 개개 채권자는 최대의 회수를 위해서 노력하지만 그에 따른 비용의 증가로 결국 회수액이 줄어들게 되는 것과 적당한 투자처의 상실로 인한 기회비용의 발생이다. 전자의 증가하는 추심비용의 감소가 집단적인 채권회수 절차를 필요로 하게 하는 것이고, 후자의 기회비용의 발생을 억제하는 것이 회생제도이다. 즉 집단적으로 기회비용의 발생을 억제하는 데

서 정리제도의 경제적 의의를 발견할 수 있다.

또한 부실기업인 경우에도 즉각적인 청산만이 최선의 해결책이 아니다. 예컨대 자본금 100억원을 가지고 설립되어 연리 10%의 조건으로 100억원을 차입하여 30억원의 고정자산과 170억원의 무형자산을 보유하고 있는 기업이 있다고 하자. 이 기업의 이자비용은 연 10억원이다. 이 기업은 영업이익이 10억원 이상 되어야 존속가치가 있다. 그러나 영업이익이 현재 연 7억원이라면 이 기업은 채무불이행 상태로 채권자들의 강제집행이 현실적인 대안으로 등장한다. 채권자들이 강제집행으로 회수 가능한 금액은 30억원[1]으로 청산가치는 30억원 회수율은 0.3%이다. 그러나 영업을 계속하도록 두고 연 10%의 금리를 적용하여 현가하면 77억원의 경제적 가치를 갖게 된다. 결국 채권자는 채권액 100억원 전액을 회수하지 못하나 77억원을 회수하는 것이 합리적인 선택방안이 된다. 그러나 강제집행으로 회수하는 금액이 77억원보다 크다면 청산하는 것이 채권자에게는 합리적이다.[2] 결국 채무불이행의 채무자에 대한 강제집행을 통한 변제만이 추심액의 극대화는 아니라는 사실의 발견이 경제적으로 정리제도의 존재이유이기도 하다.

그리고 회사정리제도의 실질은 회생가능한 부실기업의 재건과 이해관계인의 이해조정(利害調停)이다. 즉, 도산(倒産)에 직면한 기업과 관련한 이해관계인들의 이해를 조정하여 기업의 유지·존속을 도모하는 것을 내용으로 한다. 따라서 이해관계인들 간의 이해조정은 기업을 청산시키지 않고 존속시킴으로써 발생하는 수익에 대한

---

1) 일반적으로 강제집행은 감정가이하로 매각되지만, 이해의 편의를 위하여 강제집행을 통하여 추심하는 금액이 고정자산의 가치 전부라고 가정한다.

2) 남일총, 「도산제도의 경제적 분석」(한국개발연구원, 2001), 34-35면.

배분을 토대로 회생을 가능하게 하는 정리계획안을 세우고 이 계획의 실현에 적합하고, 미래의 수익에 부합하도록 이해관계인의 권리를 변경하는 것이 정리제도이다.[3] 또한 계속기업가치가 큰 부실기업에 대하여 법의 보호하에 채무동결과 부채상환유예 등을 통하여 부실요인을 제거함으로써 기업의 도산을 막고 효율적인 부실기업의 청산으로 생기는 사회적 손실을 방지하는 데 그 의의가 있다.

2. 회사정리제도의 연혁

회사정리법은 1962년 12월 12일 제정되고 1963년 1월 1일부터 시행되었다. 회사정리법제정 이전에는 구상법(舊商法)에 회사정리라는 제도가 있었으나, 회사정리법상 회사정리와는 다른 제도이므로 구상법상의 회사정리를 회사정리법의 원류로 보기는 어렵다. 구상법상의 회사정리는 계획안에 대하여 전채권자의 동의가 필요하였고, 일반회사법 규정에 따라야 하고, 그 운용에 있어서도 절차규정의 미비로 불편함이 있었다. 또한 회사나 채권자가 채무의 변제 혹은 회사를 곤란하게 할 목적으로 정리신청을 하는 등 제도 본래의 목적을 달성하기 어려운 문제점이 표출되었다. 그래서 상법안을 심의하는 과정에서 일본의 회사갱생법(會社更生法)을 모델로 특별법을 제정하기로 하고 상법에서 삭제되면서 회사정리법이 제정되기에 이르렀다.[4]

우리나라 회사정리법은 일본의 회사갱생법을 계수(繼受)한 것이고, 일본의 회사갱생법은 1938년 미국 연방파산법 제10장(Corporate

---

3) 투자금융경제연구소, 「회사정리제도의 형평성 제고에 관한 연구」(전국투자금융협회, 1993), 13-15면.

4) 임채홍・백창훈, 「회사정리법(상)」(한국사법행정학회, 2002), 71-72면.

Reorganizations)을 모델로 만들어졌다.

제정당시 회사정리법의 주요내용은 회사정리사건의 지방법원 관할, 주주·채권자·회사에게 정리절차의 신청권을 부여하였으며, 관리인제도와 정리채권자·정리담보권자의 정리절차 이외의 개별집행을 금지하였다. 정리계획안의 가결요건으로 정리채권은 2/3 이상, 주주는 1/2 이상, 정리담보권자의 기한을 유예하는 경우는 3/4 이상, 청산형 정리계획안인 경우는 전원의 동의를 얻도록 하였다.

1981년 제1차 개정 시에는 정리사건을 지방법원 본원합의부 관할로 변경하고, 보전관리인제도, 주식의 강제소각제도(强制消却制度)를 신설하고, 소액채권의 정리계획인가 전 변제를 가능하도록 하였다. 1984년 제2차 개정 시에는 신주발생시 상법의 적용을 배제하였고, 1996년 제4차 개정 시에는 보전처분의 기각결정에 대한 즉시항고권의 인정, 관리인의 선임범위 확대, 정리담보권의 감면시 의결요건을 전원의 동의에서 4/5의 동의로 완화하였다.

1998년 제6차 개정 시에는 보전처분(保全處分)의 개시 결정기한을 14일로 설정하고, 채권신고기간을 기존 4월에서 2월 이내로 단축하고, 정리계획의 수행기간을 20년에서 10년으로 단축하였다. 또한 채권자협의회 및 관리위원회를 신설하였다. 1999년 제7차 개정 시 개시 결정기한을 1월 이내로 단축하고 파산절차로 이행시 정리절차의 효력을 인정하도록 하였으며, 정리담보권의 감면시 의결요건을 4/5에서 3/4로 완화하였다. 2001년 제8차 개정 시에는 정리계획안의 사전제출제도(事前提出制度)를 신설하였다.

수차례의 개정을 거치면서 회사정리제도는 절차의 남용을 방지하고, 보다 신속하고 공정하게 진행하는 방향으로 개정되었다. 그러나 한계기업이 선택할 수 있는 절차가 화의·회사정리·파산 등으로

구분되고 그 적용대상이 다르고, 특히 회생을 목적으로 하는 절차
도 화의와 회사정리로 나누어져 형평성이나 효율성의 측면에서 문
제가 있다는 평가에 따라 도산관련 법률을 단일 법률로 통합하고
회생절차에 있는 기업에 대한 감독강화를 위하여 소위 통합도산법
(안)이 마련되게 되었다.[5]

3. 회사정리제도의 실태

회사정리 사건의 접수 및 처리현황은 〈표 1〉과 같고 화의 및 파
산사건의 접수추이는 〈표 2〉와 같다. 회사정리사건은 1997년 말부
터 시작된 경제위기 시에 급증하였으나, 그 증가폭은 화의사건에
미치지 못하였다. 가장 큰 이유는 화의절차는 구경영진에게 경영권
을 보장하였으나, 회사정리절차는 경영권을 법원이 선임한 관리인
에게 이전하도록 하고 있음에 기인한 것으로 보인다. 또한 2000년
초반부터 파산사건이 급증한 원인은 경제위기 극복과정에서 대두된
실업문제 등으로 인한 개인파산의 증가에 따른 것으로 판단된다.

〈표 1〉 최근 8년간 도산사건 접수추이

구 분	1996	1997	1998	1999	2000	2001	2002	2003
회사정리	52	132	148	37	32	31	28	38
화 의	9	322	728	140	78	51	29	48
파 산	18	38	467	733	461	842	1,443	4,519
합 계	2,057	2,451	2,874	2,176	2,110	2,083	2,059	2,089

---

5) 법무부 공고 제2004-38호(채무자회생및파산에관한법률(안) 입법예고
   제정이유).

〈표 2〉 회사정리사건의 접수 및 개시 결정 추이

구분	대상 사건			처리 사건				미제
	전년미제	금년접수	소계	인용	기각	기타	소계	
1990	14	15	29	17	4	0	21	8
1991	8	64	72	26	10	10	46	26
1992	26	89	115	44	35	10	89	26
1993	26	41	67	17	17	1	35	32
1994	32	42	74	27	17	3	47	27
1995	27	77	104	28	22	14	64	40
1996	30	52	82	29	17	9	55	27
1997	27	132	159	43	24	20	87	72
1998	72	148	220	92	25	17	134	86
1999	86	37	123	77	13	14	104	19
2000	19	32	51	39	9	0	48	3
2001	3	31	34	26	0	3	29	5
2002	5	28	33	22	3	3	28	5
2003	5	38	43	35	3	3	41	2
평균	28.85	60.62	89.46	37.46	15.08	8.00	60.54	28.92

* 통계는 각 년도 사법연감을 참조하여 재편집하였음.

제2절 회사정리제도의 입법례

1. 미국

미국[6]은 연방파산법 제11장(Reorganization)에서 재건재도를 규정

---

6) 미국 연방파산법의 변천에 관한 상세한 내용은 윤영신, 「미국의 도산
법」(한국법제연구원, 1998); 오수근, "회사정리법의 역사적 발전과정

하고 있다. 제11장의 기원은 철도회사의 회생을 위하여 편법적으로 사용되던 형평법상의 수탁관리인(Equity-Receivership) 제도를 1933년 파산법(제77조 및 제77조B)으로 입법하면서 법제화되기 시작하였다. 이후 1938년 Chandler Act의 제정시 제Ⅷ장 철도회사갱생(Railroad Reorganization), 제Ⅹ장에 회사갱생(Corporate Reorganization), 제 장에 화의(Arrange-ment), 제ⅫI장 부동산화의로 규정하였던 것을 1978년 연방파산법을 전면 개정하여 제11장 회생절차(Reorganization)로 통합하여 현재 연방파산법과 같은 구조를 갖게 되었다.

1978년 연방파산법상의 재건제도는 파산절차 신청 시 채권자의 모든 집행 및 추심행위를 중지하는 자동정지제도(Automatic Stay)를 인정하고, 채무자가 계속적으로 사업을 점유하면서(Debtor In Possession : DIP) 재건계획안을 제출하도록 인정하고 있고,7) 가결된 정리계획안의 인가 시 청산가치보장원칙을 준수하여 소수채권자를 보호하고, 강제인가(Cram down) 시에는 절대우선원칙을 준수하여야 하는 것 등이다.

2. 일본

일본8)은 파산, 회사갱생, 민사재생(民事再生), 회사정리, 특별청산의 다양한 파산관련 법률을 가지고 있다. 이 중 회사갱생, 민사재

에 관한 소고", 「민사판례연구」 제16집(박영사, 1994), 443면 이하 ; 임치용, 「파산법연구」(박영사, 2004), 203면 이하 ; Charles J. Tabb, The History of the Bankruptcy Laws in the United States, 3 Am. Bank. Inst. L. Rev. 5(1995) 참조.

7) 파산절차 신청 후 120일 동안 채무자는 정리계획제출에 관한 배타적인 권리를 갖는다. Bankruptcy Code §1121.

8) 일본 파산제도에 관한 상세한 설명은 최성근, 「일본의 도산법」(한국법제연구원, 1998) 참조.

생은 재산을 환가하여 청산하는 것이 아니라 장래의 수입 등을 기반으로 채무자에게 변제하여 재건을 꾀하는 회생절차에 속하며, 회사갱생과 회사정리는 주식회사만을 대상으로 하나 민사재생절차는 법인 및 개인을 대상으로 하는 데 차이가 있다.

민사재생절차[9]는 1999년 12월 종전의 화의제도를 폐지하고 신설한 절차이며, 회사갱생, 파산은 우리나라의 회사정리 및 파산절차와 거의 비슷한 제도이다.

3. 독일

독일[10]은 1994년 파산법(Insolvenzordnung vom 5. Oktober 1994: InsO)의 제정 이전까지 파산법(1887 Konkursordnung: Ko)에 의한 파산제도와 화의법(1935 Vergleichsordnung: VerglO)에 의한 화의제도가 있었다. 다만, 예외적으로 독일 통일 이후 구동독지역에서의 기업도산에 대해서는 1990년에 제정된 포괄집행법(Gesamtvollstreckungsordnung: GesO)이 적용되었다.[11]

독일에서 파산절차는 민사소송법상의 강제집행과는 달리 일종의

---

9) 민사재생제도에 관한 상세한 설명은 최성근, 「일본의 기업갱생절차에 관한 연구 – 민사재생제도를 중심으로–」(한국법제연구원, 2000) 참조.

10) 독일의 회사파산관련 법제에 대해서는 최성근, 「독일의 도산법」(한국법제연구원, 1998); 이상영, "독일파산법상의 갱생절차의 채택", 「비교사법」 제4권 제1호(한국비교사법학회, 1997), 101면 이하; 손종학, "도산법제의 개선방안에 관한 연구", 성균관대학교 법학박사학위논문(2001), 55-66면; 양형우, "독일 통합도산법에 관한 소고", 「법조」 제47권 제12호(법조협회, 1998), 230면 이하 참조.

11) Klaus Kamlah, The New German Insolvency Act: INSOLVENZORDNUNG, 70 Am. Bankr. L. J. 417, pp.417-418(1996).

일괄집행절차로서 채무자의 모든 재산을 처분하여 배당함으로써 위기에 처한 기업을 경제시장에서 완전히 축출하는 것을 목적으로 하고, 화의절차 역시 우선적으로 채무변제와 채권자 만족을 목적으로 하였다. 그러나 채무자가 충분히 채권자에게 변제할 수 있는 경우에는 화의절차를 통하여 파산을 면하게 하고 기업을 계속유지 할 수 있었다.

이와 같은 목적하에서 100년 이상을 존속하였던 파산법이 경제사정의 변화에 따라 여러 문제점이 대두되었다. 첫째 우선권 있는 행정절차비용의 요건이 정의되어 있지 않아 시간이 경과함에 따라 우선권 있는 절차비용이 증가하였고, 둘째 파산절차에서는 편파행위(偏頗行爲)에 대한 부인이 가능하나 화의제도에서는 편파행위의 부인에 대하여 관리인이 입증책임을 부담하게 되어 실효성 없는 등 부인권제도가 불완전 했으며, 셋째 파산절차와 화의절차 상호간에 전환이 어려운 점 등이 주요한 문제였다.12) 이에 기존의 파산법, 화의법을 보완하면서 미국 연방파산법 제11장을 본받아 새로운 회생절차를 도입하는 것으로 파산법제를 통합하였다.13) 그러나 2가지 가장 큰 차이점은 첫째 관리인의 지위를 강화한 것이고, 둘째 채권자가 승인한 계획안에 대한 사법심사를 포기한 것이다.14)

새로운 파산법의 내용은 파산에 직면한 채무자를 일단 파산절차에 들어가게 하여 기본적으로 파산절차가 진행되도록 하면서,15) 당

---

12) Ibid. p.419.

13) Maximilian Schiessl, On The Road to a New German Reorganization Law-A Comparative Analysis of the Draft Proposed by the INSOLVENZRECHTS-KOMMISSION and Chapter 11 of the Bankruptcy Code, 62 Am. Bankr. L. J. 233, p.259(1988).

14) Ibid. pp.257-258.

15) Manfred Balz, Market Conformity of Insolvency Proceedings: Policy

사자 간에 합의가 있는 경우에는 도산계획(Insolvenzplan) 또는 자기관리(Eigenverwal-tung)가 파산절차에 갈음되도록 하였다. 다만, 당사자 간에 합의에 의하여 도산계획이나 자기관리가 선택되어도 채무자가 더 이상 채권자를 완전히 만족시킬 수 없는 경우에는 파산절차가 재개되도록 하여 채무자의 재산에 대한 적정한 처분이 보장되도록 하였다.

제3절 회사정리절차상 이해관계인의 범위와 권리

1. 이해관계인의 범위

회사정리절차는 주식회사가 기업으로서 가지는 사회·경제적 가치를 고려하여 채권자, 담보권자, 주주 등 관련 이해관계인의 의견을 모아 공평하게 이해관계를 조절하여 파탄에 직면한 기업의 재건이라는 목적을 달성하기 위한 절차이다. 따라서 이해관계를 조절할 당사자인 이해관계인의 범위확정은 가장 기본적인 작업이다.

회사정리법은 이해관계인을 정하고 있지 않지만 채권자, 주주(법 제1조) 및 관계인집회를 위한 소환을 요하는 자인 관리인, 조사위원, 회사, 정리를 위하여 채무를 부담하거나 담보를 제공한 자등과 (법 제164조) 그 밖에 정리절차에 법률상 이해관계를 가진 자인 정리회사의 감독행정청 및 정리회사의 노동조합 등을 광의의 이해관

Issues of the German Insolvency Law, 23 Brook. J. Int'l L. 167, p.172(1997).

계인이라 할 수 있다.

그러나 이해관계인을 정리절차의 특색인 절차참여의 강제성과 정리계획의 수인강제성의 관점에서 본다면, 정리절차에 참가를 강제받는 자, 정리절차에 참여를 통하여만 권리를 행사할 수 있는 자, 정리절차에 참가를 하지 않을 경우에는 실권하는 자 및 정리계획에 의하여 권리를 변경 받는 자라고 정의할 수 있을 것이다.16) 즉 협의의 이해관계인으로 정리채권자, 정리담보권자, 주주가 해당된다고 본다. 이 책의 주된 논의 대상도 협의의 이해관계인이다.

2. 공익채권

공익채권(共益債權)이란 정리절차 수행과정에서 정리채권자 및 정리담보권자에 우선하여 정리절차에 의하지 않고 변제 받는 청구권을 말한다. 특히 정리채권과 정리담보권은 정리절차에 참여하기 위하여 신고 및 확정절차를 거쳐야 하나, 공익채권은 이러한 과정이 불필요하다는 것이 가장 큰 특징이다. 그리고 정리절차에 의하지 않고 수시로 변제를 받을 수 있으나, 이러한 성질이 정리담보권자가 담보권의 환가대금에 우선하여 변제받는 권리에 우선하는 것은 아니다.

먼저 공익채권은 시간적으로 정리절차 개시 이후에 발생한 채권을 원칙으로 한다. 이러한 점에서 정리채권과 구별된다고 할 것이나, 형평의 관점 또는 사회정책적인 배려에서 정리절차 개시 전의

---

16) 정리담보권자는 권리가 보장되나 시간적인 의미에서 권리의 실행을 일정기간 제한당하는 의미에서 권리가 제한되는 자로 분류할 수 있을 것이다.

채권을 공익채권으로 인정하는 것도 있다. 형평의 관점에서 인정되는 것으로는 계속적 공급의무를 부담하는 쌍무계약상의 상대방의 그 공급으로 인한 청구권 중 개시 신청 이후의 청구권(법 제208조 제8호), 쌍방미이행의 쌍무계약에 있어서 관리인이 이행을 선택한 경우의 상대방 청구권(동조 제7호) 등이고, 사회정책적 배려로 인정되는 것으로는 근로자의 급료와 퇴직금(동조 제10호) 등이다.

또한 공익채권은 발생 원인이 주로 정리절차의 진행을 위한 비용과 기업의 정리·재건을 위한 관리인의 행위에 의하여 발생한 상대방의 청구권이 해당한다. 즉, 정리절차의 모든 이해관계인의 이익을 위한 채권으로 그 특성에서 공동의 이익을 의미하는 공익채권이란 명칭도 유래했다.17) 사무관리 또는 부당이득으로 인하여 회사에 대하여 생긴 청구권(법 제208호 제6호), 정리절차 신청 이후 법원의 허가를 얻은 차입금(동조 제12호), 정리채권 신고기간 도과 이후 관리인의 부인권 행사로 인한 상대방의 채권(제88조 제1항) 등이 그 예이다.

3. 정리채권

가. 정리채권의 개념

1) 의의

정리채권은 정리회사에 대하여 정리절차 개시 전의 원인에 기하여 생긴 재산상의 청구권(법 제102조), 정리절차 개시 후의 원인에

---

17) 임채홍·백창훈, 「회사정리법(하)」(한국사법행정학회, 2002), 78면.

기하여 생긴 재산상의 청구권으로 공익채권이 아닌 채권(법 제121조, 제208조) 및 정리절차 개시 당시 회사재산상에 존재하는 유치권, 질권, 저당권, 양도담보권, 가등기담보권, 전세권 또는 우선특권에 의하여 담보된 채권을 제외한 것이다(법 제123조).

정리채권은 재정적 궁핍으로 파탄에 직면한 회사가 정리재건을 도모하기 위하여 변제하기 불가능한 채권을 일괄적으로 회사에 대한 다른 권리와 구별하여 공평하게 처리하기 위하여 설정한 정리절차상 개념으로 일정 종류의 채권을 일괄하여 처리하는 것이 절차진행에 보다 합목적이기 때문이다.[18]

이와 같은 방법으로 실체법상의 권리를 특수하게 취급하는 경우는 파산절차와 화의절차에서도 존재한다. 다만 정리채권은 파산절차가 채택하고 있는 채권의 금전화·현재화의 원칙(파산법 제16조 및 제17조)을 취하지 않아 비금전채권, 기한미이래 채권 등은 그대로 정리채권이 되는 점에서 구별되고,[19] 화의절차는 신고기간 중에 채권신고가 없으면 절차 내에서만 권리행사가 제한되나, 정리절차에서는 미신고한 권리에 대하여 종국적으로 권리를 실권하는 점에서 차이가 있다.

또한 정리채권은 실체법적인 측면과 절차법적인 측면을 포함한 개념으로 보아야 한다. 실체법적 측면에서 정리채권은 후술하는 요건에 부합하는 채권을 의미하지만, 절차법적인 측면에서 정리채권은 법원이 설정한 신고기간 이내에 신고하고 관계인 집회에서 부인되지 않은 채권이다. 보통의 경우 양자는 일치하지만 실체법상 권리를 갖고 있어도 정리채권으로 신고하지 않거나, 반대로 실체법상

---

18) 三ケ月章 等, 條解 會社更生法(中)(弘文堂, 2001), 281면.

19) 다만, 관계인집회의 의결권의 산정 시에만 금전평가의 원칙을 적용한다. 법 제113조 내지 제118조.

권리가 없어도 정리채권으로 신고 되어 정리채권으로 확정된 경우에는 차이가 생기게 된다.

2) 정리채권의 요건

가) 회사에 대한 청구권

회사에 대한 청구권이라는 의미는 회사의 일반재산을 담보로 하는 채권, 즉 채권적 청구권을 말한다. 그리고 소유권 등에 기한 물권적 청구권 등 이와 유사한 권리는 정리채권이 아닌 환취권(還取權)으로 취급된다. 다만 이들 물권 기타 절대권의 침해를 이유로 발생하는 손해배상청구권, 부당이득반환청구권, 특히, 회사를 수익자로 하는 사해행위취소청구권의 경우 그 취소를 구하는 원상회복의 방법에 따라 정리채권 여부가 결정된다. 즉, 취소권자가 회사에 대하여 채무자로부터 일출한 재산 원물의 반환을 청구하는 경우에는 환취권의 대상이 되고, 원상회복이 불가하게 되지만 가액배상으로 청구하는 경우에는 정리채권이 된다는 견해가 있다.[20] 그러나 가액배상판결이 형성판결인 점, 원상회복방법에 따라 채권자의 권리에 차이가 발생하는 점에 비추어 볼 때 무조건 정리채권으로 보기에는 무리가 있다. 예를 들어 정리절차의 채권신고기간이 도과한 이후에 사해행위에 대한 가액배상판결이 확정된 경우에는 채권자의 권리는 의미가 없기 때문이다. 따라서 관리인의 부인권 행사에 따른 법 제88조와 같이 해석하는 것이 바람직하다고 본다.

---

20) 條解 會社更生法(中), 281면.

나) 재산상의 청구권

재산상의 청구권은 회사의 일반재산으로부터 만족을 얻을 수 있는 청구권으로서 금전채권 및 금전채권으로 평가할 수 있는 청구권을 말한다. 따라서 특정물인도청구권, 주식회사 주주의 자익권, 공익권 등은 정리채권이 될 수 없다. 다만, 주주의 이익배당청구권은 정리절차 개시 전에 구체적 금전채권으로 된 경우에 한하여 정리채권으로 된다고 본다. 그러나 골프회원권과 같이 골프장 시설 이용에 관한 권리와 입회금 반환청구권이 병존하고 있는 경우에는 입회금 반환청구권을 근거로 정리채권이 될 수 있다.[21]

한편 정리회사에 대한 부작위를 목적으로 하는 채권은 원칙적으로 정리채권이 아니다. 다만, 회사가 영업양도 후 양도인이 부담하는 경업피지의무(競業避止義務), 특히 당사자 간에 약정에 의하여 부작위의무를 부담하는 경우(상법 제41조 제2항)에는 부작위의무위반을 이유로 손해배상청구권이 발생하고 그 손해배상청구권은 정리회사에 대한 재산상의 청구권이 분명하므로 정리채권이 된다. 작위청구권은 그 의무위반에 대하여 통상 손해배상청구권으로 변하는 것이지만, 원래의 채권 그대로도 회사의 재산가치의 이용에 따라 이용될 것이므로 정리채권으로 된다.[22]

다) 정리절차 개시 전의 원인에 기한 청구권

정리절차 개시 전의 원인에 기한 청구권이란 의사표시 등 채권발생의 기본적인 구성요건 해당사실이 개시 결정 전에 있어야 한다.[23] 즉, 청구권의 발생 원인이 정리절차 개시 전에 있으면 된다.

---

21) 대법원 1989. 4. 11. 선고 89다카4113 판결.
22) 條解 會社更生法(中), 283면.

따라서 확정기한미도래 채권, 장래의 정기금채권, 불확정기한부채권, 해제조건부채권, 정지조건부채권과 장래의 구상권도 정리채권이 될 수 있다. 다만, 쌍방미이행의 쌍무계약상의 채권인 경우에는 관리인에게 선택권이 있어 일률적으로 정리채권의 성립을 단정할 수는 없다(법 제103조).

'개시 전의 원인'이라 함은 채권의 발생 원인이 정리절차 개시 전에 구체적으로 확정되어야 한다든가 채권의 변제기가 정리절차 개시 전에 도래하여야 한다는 의미는 아니고, 채권의 성립시점이 정리절차 개시 전이어야 함을 의미한다. 예컨대 회사정리절차 개시 전에 시공한 공사에 관하여 하자가 발생하여 보수가 필요하게 되었다면 하자의 발생시점이 정리절차 개시 전이면 하자로 인한 손해배상청구권은 정리채권이 되는 것이다. 그러나 정리절차 개시 전의 원인에 기한 청구권이라도 사회정책적 배려에 의하여 인정되는 근로자의 급료 및 퇴직금, 회사사업의 계속에 불가결한 행위를 함으로 인하여 법원의 허가로 차입한 개시 신청 후의 차입금, 쌍무계약의 상대방이 정리절차 개시 신청 후 정리절차 개시 전까지의 사이에 한 공급으로 생긴 청구권 등은 공익채권으로 취급받는 것도 있다.[24]

라) 강제할 수 있는 청구권

정리절차는 재판상 강제적 권리실현절차로서의 성격을 갖고 있으므로 재판상 청구할 수 없는 청구권 및 강제집행절차를 통하여 실현할 수 없는 청구권은 정리채권이 될 수 없다.[25] 불법원인급여의

---

23) 條解 會社更生法(中), 283면.
24) 임채홍·백창훈, 앞의 책, 506-510면 참조.
25) 임채홍·백창훈, 앞의 책, 505면.

반환청구권(자연채무)이나 불집행합의가 있는 청구권(책임 없는 채무) 등은 강제집행절차를 통하여 채권의 만족을 실현할 수 없으므로 정리채권이 될 수 없다고 본다.

마) 담보권 없는 채권

정리채권 중 정리절차 개시 당시에 회사재산상에 존재하는 '유치권, 질권, 저당권, 양도담보권, 가등기담보권, 전세권 또는 우선특권으로 담보'된 채권은 정리담보권으로 취급하고 있으므로 정리채권이 될 수 없다. 다만 담보된 채권일지라도 담보권의 가액을 초과하는 부분에 대해서는 정리채권이 된다.[26]

나. 다수당사자의 정리채권

1) 정리회사가 다른 자와 더불어 전부의무(全部義務)를 지는 경우

수인이 각각 전부이행을 할 의무를 지는 경우에는[27] 그 전원 또는 그중 수인[28]에 관하여 정리절차가 개시된 때에는 채권자는 정리절차 개시 당시 가진 채권의 전액에 관하여 각 정리절차에 있어

---

26) 담보물의 가액평가와 관련해서는 본장 4. 정리담보권 부분 참조.

27) 불가분채무, 연대채무, 부진정연대채무, 연대보증채무, 어음·수표상의 합동채무, 보증채무, 물상보증, 중첩적 채무인수 등을 말한다.

28) 전원 또는 그중 수인이라는 표현은 법문의 표현일 뿐이고, 1인에 관하여 정리절차가 개시된 경우에도 적용된다. 條解 會社更生法(中), 352-353면; 山內八郎, "會社更生手續における多數當事者の債權", 「會社更生計劃の諸問題」(一粒社, 1979), 264면.

서 정리채권자로서 그 권리를 행사할 수 있다(법 제108조). 이 원칙을 현존액주의(現存額主義)라 한다. 이는 실체법상 인정되는 채무자 개인의 책임재산의 부족을 보완하는 수단을 정리절차까지 관철하고 있는 것이다.[29] 따라서 전부의무를 지는 채무자에 대하여 정리절차가 개시된 경우에는 개시된 정리절차 모두에 대하여 채권잔액 전부에 대하여 각각 정리절차에 참가할 수 있다.

또한 정리절차는 개시 당시의 채권액[30]으로 권리를 행사하도록 하여 정리절차 개시 이후에는 민법의 채무소멸의 절대적 효력을 원칙적으로 부정하고 있다.[31] 즉 전부의무를 부담하는 채무자 중 1인에 정리절차가 개시되어 채권신고가 있은 이후에 다른 전부의무를 지는 채무자로부터 변제를 받은 경우에도 신고한 전 채권액으로 정리절차에서 권리를 행사할 수 있다. 그렇다고 실제 채권잔액 이상의 변제를 받을 수 있다는 의미가 아니다. 정리절차에서 신고된 채권액은 의결권산정의 기초가 될 뿐 실제 변제가 그와 동일하게 된다는 의미가 아니기 때문이다.

다만, 정리절차 개시 이후에 신고한 채권액의 감축이 인정되는 경우는 정리절차진행 중 법원의 허가에 따라 정리회사로부터 변제를 받은 경우(법 제112조의2),[32] 전부의무자가 아닌 제3자의 변제인 경우이다.[33] 이와 모양은 다르지만 전부의무자가 정리채권자에 대한

---

29) 임치용, 앞의 책, 339면.

30) 정리절차는 파산절차와 달리 채권의 현재화 원칙이 적용되지 않으나, 의결권의 산정기준으로 현재화의 원칙이 적용된다. 법 제108조의 채권액도 이와 같은 맥락에서 이해하여야 할 것이다.

31) 山內八郎, 앞의 책, 270면; 條解 會社更生法(中), 356면.

32) 김용덕, "회사정리절차와 채권자의 지위", 「청주법률논단」 제1집(충북법률실무연구회, 2000), 266면.

33) 본조의 취지가 전부의무에 대한 권리자에게 실체법상의 책임재산보완

반대채권으로 정리절차 개시 이전에 상계적상의 채권을 기초로 정리절차 개시 이후에 상계한 경우에도 상계의 소급효(민법 제492조)에 의하여 소멸된 채권을 근거로 정리채권을 신고한 것이므로 상계의 효력이 유효한 범위에서 채권이 소멸된 것으로 보아야 한다.

2) 회사가 보증채무를 부담한 경우

정리회사가 보증채무를 부담하는 경우, 즉 주채무자는 정리절차가 개시되지 않았으나 보증인이 정리절차가 개시된 경우에 채권자는 정리절차 개시 당시의 채권전액으로 정리절차에 참가할 수 있다(법 제108조). 그런데 민법상 보증인은 최고·검색의 항변권을 행사할 수 있다. 보증인(관리인)이 최고·검색의 항변권을 주장하여 채권자의 정리절차 참가를 금지할 수 있는가와 관련하여, 회사정리법은 "보증인인 회사에 관하여 정리절차가 개시된 때에는 채권자는 정리절차 개시 당시 가진 채권의 전액에 관하여 정리채권자로서 그 권리를 행사할 수 있다"고 정하고 있어 보증인의 최고·검색의 항변권을 배제하도록 하고 있다(법 제109조).[34]

그러나 법 제109조가 보증채무의 부종성을 배제하고 있는 것은 아니다.[35] 즉, 주채무자에게 정리절차가 개시된 이후에 보증채무는 채권액에 있어서는 부종성이 단절되는 것이나, 채무의 변제기에 있

기능을 정리절차에까지 인정하기 위한 것이므로 전부의무자가 아닌 제3자의 변제에 대하여도 민법상의 채권소멸의 절대적 효력을 부정할 이유가 없기 때문이다. 條解 會社更生法(中), 354면.

34) 임채홍·백창훈, 앞의 책, 521면; 변재승 외, "서울민사지방법원의 회사정리사건 처리실무", 「사법논집」 제25집(법원도서관, 1994), 302면; 條解 會社更生法(中), 356면.

35) 임치용, 앞의 책, 356면.

40

어서는 그렇지 않다. 예컨대 정리절차에서 주채무자에 대한 변제조
건이 채권액의 50% 상환으로 감축된 경우에도 보증인은 채권 전액
에 대하여 변제할 책임이 있다. 그러나 그 상환조건이 개시년도부
터 5년 이후로 연장되었다면 보증인도 변제기에 관해서는 그 이익
을 주장할 수 있는 것이다.

3) 장래의 구상권

가) 장래의 구상권행사

민법은 구상권자 즉, 변제 기타의 출재로 주채무를 소멸하게 한자
에게 구상권을 인정하나 사후구상을 원칙으로 하고 있다. 그러나 이
원칙을 고수할 경우 보증인이 현실로 변제 등의 출연행위를 하고 구
상권을 취득하는 시점에는 주채무자에게 진행되는 정리절차의 신고
기간도과, 조사 및 확정절차가 종결하여 사실상 보증인이 구상권을
행사할 수 없게 되는 문제가 있다. 이를 해결하기 위하여 민법의 사
후구상원칙을 수정하여 회사정리법은 사전구상을 할 수 있도록 하고
있다(법 제110조).[36] 따라서 정리회사의 연대보증인과 같이 정리회
사에 대하여 장래의 구상권을 가지는 자는 구상채권 전액에 관하여
정리절차에 참가하여 정리채권자로서의 권리를 행사할 수 있다. 만
일 구상권자가 정리절차에 참가하지 않았다면, 구상권자가 정리회사
의 채권자에게 변제한 금액 중 채권자가 정리절차에서 인정받은 금
액 중 대위가 가능한 부분을 제외하고는 구상권을 상실하게 된다.[37]
또한 보증인은 구상권과 채권자의 정리회사에 대한 원래의 채권 중

---

36) 條解 會社更生法(中), 360면.
37) 대법원 1995. 11. 10. 선고 94다50397 판결.

유리한 것을 선택하여 정리절차에 참가할 수 있다. 즉 채권자가 담보부채권을 보유하고 구상권자는 일반채권인 경우 구상권자는 원채권자의 정리담보권을 선택하여 행사할 수가 있는 것이다.

나) 채권자와의 관계

장래의 구상권자도 전액에 대하여 정리채권자로 그 권리를 행사할 수 있으나, 원채권자도 정리채권자로서 권리를 행사할 수 있으므로 동일채권에 관한 이중 권리행사가 문제될 수 있다. 그러나 이러한 경우 채권자의 권리행사를 우선시키려는 취지에서 채권자가 그 채권의 전액에 관하여 정리채권자로서 그 권리를 행사한 때에는 구상권자의 권리행사를 인정하지 않고 있다(법 제110조 제1항 단서). 다만 예비적 신고는 허용된다고 보아야 한다.

민법은 일부의 대위변제를 인정하고 있으나, 정리절차가 개시된 이후 채무자를 대신하여 일부 변제한 보증인은 채권자가 채권의 완전한 만족을 얻기까지 개시 결정 당시에 갖는 채권 전액에 대하여 권리행사 할 수 있다고 하고 있으므로 일부변제자는 정리절차에서 권리행사를 못하는 것으로 보아야 한다(법 제108조).[38] 대법원도 "채권의 일부에 대하여 대위변제가 있는 때에는 채권자만이 정리절차 개시 당시 가진 채권의 전액에 관하여 정리채권자로서 권리를 행사할 수 있을 뿐, 채권의 일부에 대하여 대위변제를 한 구상권자가 자신이 변제한 가액에 비례하여 채권자와 함께 정리채권자로서 권리를 행사하게 되는 것"[39]은 아니라고 하여 채권자만이 권리행사

---

38) 임채홍・백창훈, 앞의 책, 524면; 대구지방법원, 「회사정리사건처리실무」(대구지방법원, 1998), 127면; 山內八郎, 앞의 논문, 285면.
39) 대법원 2001. 6. 29. 선고 2001다24938 판결.

할 수 있음을 분명히 하였다. 왜냐하면 채권자가 전 채권을 만족하지 못하면서 동일한 권리에 대하여 구상권을 취득할 자와 권리를 나누어 행사하는 것을 인정한다면 채권자에게 변제의무를 부담하는 구상권자가 동일한 급부를 동시에 행사하는 모순이 발생한다. "예를 들어, 정리회사의 채무가 400만원인 경우에 정리절차 개시 후에 보증인 甲이 100만원, 보증인 乙이 200만원을 변제하였더라도 그 변제액이 채무액의 전액에 미치지 못하므로, 채권자는 정리절차 개시 당시에 가지는 400만원의 채권에 관하여 정리채권자로서 권리를 행사하게 된다. 따라서 정리계획에서 채권액이 1/4인 100만원으로 감액된 경우에는 채권자는 100만원 전액에 대하여 변제를 받게 되며, 또한 채권액이 1/2인 200만원으로 감액된 경우에는 채권자는 그 중 100만원에 대하여 변제를 받고, 甲과 乙은 나머지 100만원에 대하여 1:2의 비율로 변제를 받게 되는데, 정리계획상 200만원을 2개년에 나누어 분할 변제하도록 정하고 있다면 1차 년도에 100만원을 채권자가 먼저 받게 된다. 만약 이와 같이 해석하지 아니한다면, 채권자는 잔여 채권액에 대하여 보증인에 대하여 권리를 행사할 수 있으므로, 보증인이 변제자대위에 의하여 정리회사에 대하여 가지는 정리채권에 대하여 강제집행하게 되어 결과적으로는 동일한 효과에 이르게 되지만 불필요한 절차를 거치도록 하는 것이 되어 비경제적"[40]이기 때문이다.

---

40) 김용덕, 앞의 논문, 450면 주87).

다. 정리절차 개시 이후에 발생한 정리채권

1) 인정취지

원칙적으로 정리채권은 정리절차 개시 전의 원인으로 발생한 재산상의 청구권에 한정된다. 그러나 이와 같은 원칙을 고수할 경우 계속적 거래관계에 있는 자 및 회사와 어음상 거래를 하려는 자에게 불측의 손해를 유발할 수 있다. 이러한 문제를 해결하기 위하여 채권의 발생 원인이 정리절차 개시 결정 전에 생긴 것과 동일시할 형평상의 이유가 있는 것은 정리채권으로 인정하게 된 것이다.

2) 유형

가) 어음 등에 대한 선의지급인의 채권

환어음을 발행하거나 배서한 회사에 대하여 정리절차가 개시된 경우 그 지급인이 그 사실을 알지 못하고 지급하거나, 발행인과 자금관계상 아직 자금을 수령하기 전에 그 어음에 대하여 인수 또는 지급을 하였을 경우 지급인의 구상권은 정리절차 개시 이후에 채권이 발생하였으므로 후순위 정리채권에 해당한다. 그러나 이와 같이 처리하면 어음의 인수 및 지급과 관련된 조사가 길어져 어음의 융통성을 저해하게 되므로 특별히 선의지급인을 정리채권자로 인정하게 된 것이다(법 제105조).[41] 동조의 적용을 받는 지급인은 선의의 인수인 및 지급인에 한정된다. 지급인의 선의에 대한 판단은 인수

---

41) 임채홍·백창훈, 앞의 책, 514면.

44

및 지급할 당시를 기준으로 하여야 하고, 악의인 경우에는 후순위 정리채권이 될 뿐이다.

나) 임대료 지급을 주장하지 못하는 임차인의 손해배상청구권

정리회사가 임대인인 경우에 회사가 정리절차 개시 이전에 차임을 전급(前給) 받았거나 또는 차임채권의 양도 등 기타의 처분을 하였을 때에 그 금전을 지급이 끝난 것으로 인정하면, 정리회사가 임차인과 통모하여 차임채권을 사전에 처분하거나 다액(多額)의 전급이 있었다고 주장하는 것이 가능하여 회사재산의 충실을 해할 우려가 있다.[42] 이러한 문제를 해결하기 위하여 정리절차가 개시된 경우 차임의 전급 및 차임채권의 처분은 정리절차 개시의 당기와 차기의 것을 제외하고는 정리절차에서 그 효력을 주장할 수 없도록 정하고 있다(법 제106조).

이와 같이 지급된 임차료를 주장하지 못하여 이중 지급을 하게 된 임차인이나 또는 임차료 채권의 양수가 무효로 차임채권청구를 하지 못하는 제3자의 손해배상청구권은 정리채권이 된다. 제3자에게 손해가 발생하는 경우는 차임채권 양도의 무효로 인하여 임차인은 관리인에게 차임을 지불하여야 하고, 이로 인하여 차임채권 양수인에게 면책되므로 차임채권 양수시 대가를 지불한 양수인은 그 대가만큼 손해가 발생하게 된다.[43]

다) 상호계산 종료로 인한 잔액청구권

상인 간 또는 비상인 간에 상시 거래관계가 있는 경우에 일정한

---

42) 條解 會社更生法(中), 343면.
43) 條解 會社更生法(中), 346-347면.

기간의 거래로 인한 채권채무의 총액에 관하여 상계하고 그 잔액을 지급할 것을 약정하는 계약을 상호계산이라 하고, 상호계산(相互計算)은 당사자의 신용을 기초로 하는 것이므로 당사자는 언제든지 해지의 의사표시를 함으로써 상호계산을 해지할 수 있다(상법 제77조). 따라서 회사정리법은 정리절차가 개시되면 당사자 간에 신뢰관계는 파기되고 당연히 상호계산을 종료시키는 것이 당사자의 의사에 합치하는 것으로 보고 해지의 의사표시가 없어도 당연히 상호계산이 종결하는 것으로 하고 있다(법 제107조).

상호계산의 해지로 인하여 당사자는 즉시 계산을 폐쇄하고 그 잔액의 지급을 청구할 수 있다(상법 제77조). 그런데 잔액채권은 각 당사자가 승인함으로써 확정되는 것으로 정리절차 개시 전에 계속하고 있던 상호계산에 의한 채권이 아니라 새로운 신채권이 발생하는 갱개(更改)적 효력[44]을 갖는 데 문제가 있다. 즉 잔액채권은 시간적으로 정리절차 개시 이후에 발생한 것이지만 그 발생 원인이 정리절차 개시 이전이 분명하므로 이에 관한 문제를 해결하기 위하여 명문의 규정을 둔 것이다.[45]

라) 기타

상기의 채권 이외에도 정리절차 개시 결정 시 전부이행이 없었던 미이행쌍무계약에 대하여 관리인이 해지를 선택한 경우 상대방은

---

44) 최기원, 「상사법신론」(박영사, 2001), 251면: 이에 대한 반대견해로 잔액채권은 상호계산기간이 경과하면 자동적으로 성립하며 당사자의 특별한 의사표시를 요하지 않는다고 하고, 승인에 의하여 구채권은 소멸하지 않고 양자는 병존한다는 견해도 있다. 정동윤, 「상법총론·상행위법」(법문사, 1996), 368면.

45) 條解 會社更生法(中), 349면.

계약해지에 따른 손해배상청구권을 정리채권으로 행사할 수 있다. 원래 정리절차 개시 이후의 원인에 기한 청구권이므로 후순위 정리 채권으로 취급되어야 하나, 형평의 견지에서 정리채권으로 인정하 게 된 것이다(법 제104조 제1항).

또한 관리인은 정리절차 개시 전에 회사가 장래에 재건의 기초로 사용될 재산을 염가(廉價)로 처분하거나 특정인에게 편파적(偏頗 的)으로 변제 혹은 이전해 버린 행위에 대하여 정리절차 개시 이후 에 그 행위의 효력을 부인하고 감소한 재산을 회복하는 부인권(否 認權)을 행사할 수 있다(법 제78조). 그리고 부인된 행위에 대하여 회사가 상대방에게 반환하여야 할 급부가 회사에 존재하고 그 가액 이 현존하는 이익보다 크다면 그 차액에 대해서는 정리채권자가 된 다. 또한 상대방의 반대급부가 회사재산에 현존하지 않고, 그로 인 한 이익조차 현존하지 아니한 경우 상대방은 그 가액의 상환에 관 하여 정리채권자가 된다(법 제88조 제2항).

라. 후순위 정리채권

후순위 정리채권은 일반정리채권에 열후한 채권을 말하며 그 종 류는 법정되어 있다. 정리절차 개시일의 이자를 포함한[46] 정리절차 개시 이후의 이자, 정리절차 개시 후의 불이행에 의한 손해배상과 위약금, 정리절차참가의 비용, 정리절차 개시 후의 원인으로 생긴 재산상의 청구권으로서 공익채권이 아닌 것, 정리절차 개시 전의 벌금, 과료, 형사소송비용, 추징금과 과태료 등이다. 정리절차 참가 비용의 대표적인 것은 정리절차 신청비용과 신고비용이 해당될 수

---

46) 條解 會社更生法(中), 462면; 서울지방법원, 앞의 책, 167면.

있으나, 전자는 총채권자를 위하여 지출한 것으로 보아 공익채권으로 되고, 후자의 비용 중 주주가 지출한 비용은 후순위정리채권 중 신고비용을 인정한 이유가 주주보다 채권자를 우선시키기 위한 취지임을 감안할 때 부정되어야 할 것이다.[47]

특히 후순위 정리채권에 해당하나 질권, 저당권 등에 의하여 담보되어 있는 경우에는 정리채권이 아닌 정리담보권으로 보아야 한다.

후순위 정리채권도 정리채권과 동일하게 채권신고 및 조사, 확정절차를 거쳐야 한다. 그리고 조사확정절차 이후 정리채권자표에 기재되었다면 확정판결과 동일한 효력이 있다.

4. 정리담보권

가. 정리담보권의 개념

1) 의의

정리담보권이란 정리채권 또는 정리절차 개시 전의 원인에 기하여 생긴 회사 이외의 자에 대한 재산상의 청구권으로 정리절차 개시 당시 회사재산상에 존재하는 유치권, 질권, 저당권, 양도담보권, 가등기 담보권, 전세권 또는 우선특권에 의하여 담보된 범위의 채권을 말한다.[48] 즉 물적 담보의 피담보채권이 정리채권에 해당되거나, 정리회사의 물적 재산이 정리절차 개시 전에 책임재산으로 된

---

47) 條解 會社更生法(中), 472면.

48) 일본 회사갱생법은 상법상의 유치권만을 정리담보권으로 하고 있다(제123조).

경우를 의미한다.

파산절차와 화의절차는 정리절차와는 달리 담보권자를 별제권자(別除權者)로 취급하여, 파산절차나 화의절차에 의하지 않고 권리행사를 가능하도록 하고 있다. 이에 비하여 정리절차는 담보권자의 정리절차 외에서 개별적 담보권실행에 의한 권리행사를 금하고 있고,[49] 이와 같은 담보권의 제약은 정리절차의 특색이다.[50]

2) 피담보채권

정리담보권은 회사가 채무자로서 담보제공자인 경우와 제3자에 대한 재산상의 청구권에 대한 담보로 회사재산을 제공한 물상보증을 구별하지 않는다. 또한 피담보채권이 정리채권에 해당하면 후순위정리채권도 동일하게 정리담보권자로서 권리를 인정받는다.

그러나 근저당권과 같이 피담보채권이 증감 변동하는 담보권의 경우 정리절차가 없었으면 설정계약서의 최고액을 기준으로 피담보채권의 발생을 인정할 수 있으나, 정리절차 개시 후에 피담보채권이 발생하였다면 정리담보권으로 취급되지 않는다. 1996년 회사정리법 개정 전에는 정리계획인가 결정일까지의 이자를 정리담보권으로 신고한 경우에는 정리담보권으로 인정하였으나, 이를 개정하여 현재는 '이자 또는 채무불이행으로 인한 손해배상이나 위약금의 청

---

49) "금융기관의연체대출금회수에관한특별조치법" 제7조의3에 대한 헌법재판소의 위헌결정(헌법재판소 1990. 6. 25. 선고 89헌가 98, 101 결정)이 있기 전에는 정리절차 개시 결정에 불구하고 금융기관은 담보권실행을 위한 경매를 진행하거나 정리계획안에 담보권을 실행할 수 있는 조항을 정하고 있었다.

50) 임채홍·백창훈, 앞의 책, 564면.

구권에 관해서는 정리절차 개시 결정 전일까지 생긴 것'만을 피담보채무가 되는 것으로 하였다.

3) 정리절차 개시 당시 회사재산상에 존재하는 담보권

가) 정리절차 개시 결정 시 존재하는 담보권

정리담보권은 피보전채권을 담보하는 담보권이 회사정리절차 개시 당시에 회사재산상에 존재하고 있어야 한다. 정리담보권으로 인정받기 위하여서는 저당권 등의 담보권에 관해서는 등기 등 물권변동의 성립요건을 질권의 경우에는 확정일자 있는 통지·승낙과 같은 제3자에 대한 대항요건도 구비하고 있어야 한다.

그러나 원인서류의 작성은 되었으나 등기 혹은 확정일자 있는 통지 등의 성립요건과 대항요건이 완비되지 않은 경우 정리담보권으로 볼 수 있는가의 문제가 있다. 대항요건을 갖추지 않은 경우에도 정리담보권으로 신고할 수 있고 채권조사 기일에 이의가 없는 경우에는 정리담보권으로 확정되나,[51] 민법은 물권변동의 성립요건주의[52]를 고수하고 있어 효력요건(등기서류의 등기소 접수기준)을 정리절차 신청전일까지 갖추지 못한 경우에는 정리담보권으로 볼 수 없을 것이다. 왜냐하면 질권의 경우 설정자가 '확정일자 있는 증서'로 제3채무자에게 통지할 경우 도달 이전에 정리절차 개시 결정이 있다면 질권의 대항요건을 갖추지 못한 것으로 보아 정리담보권으로 볼 수 없는 것과 형평을 맞출 필요가 있기 때문이다. 또한 회사

---

51) 우성만, "회사정리법상 담보권자의 지위", 「회사정리법·화의법의 제문제」 재판자료 제86집(법원도서관, 2000), 301면.
52) 이영준, 「물권법」(박영사, 2002), 59면 이하 참조.

정리법이 "정리절차 개시 당시 회사재산상에 존재"라고 기술하고 있어 성립요건과 대항요건이 완결된 것만이 담보권임을 분명히 하고 있기 때문이다.

정리절차 개시 당시에 담보권이 존재하였으나 정리계획인가 이전에 담보목적물이 멸실하거나 담보권을 포기한 경우에도 정리담보권으로 된다. 다만 정리계획인가 전에 정리계획이 폐지되거나 정리절차 개시 결정이 취소되면 무담보채권이 될 뿐이다.[53] 그리고 정리절차 개시 결정 이후에 관재인이 금전차용시 설정한 담보권은 정리담보권이 아니며, 담보권의 환가대금에 대한 권리에 있어서는 정리담보권에 열후한 것으로 보아야 한다.[54]

나) 회사재산상에 존재하는 담보권

정리담보권은 회사재산에 존재하는 것이어야 한다. 채무자가 회사이나 담보제공자가 주주 혹은 이사인 경우에도 정리담보권으로 취급되지 않고 피담보채권(사전구상권)만을 정리채권으로 신고할 수 있을 뿐이다.[55] 반대로 정리절차 개시 신청 당시는 회사 이외의 자 재산상에 존재하는 담보권이었지만, 정리절차 개시 전에 정리회사 명의로 소유권 이전등기가 경료되어 회사 재산상에 존재하는 담

---

53) 임채홍·백창훈, 앞의 책, 566면.

54) 松田二郎, 「會社更生法」(有斐閣, 1990), 222-223면.

55) 정리절차는 (물상)보증인에 대해서는 효력을 미치지 않으므로 채무자의 기한이익 상실 시에는 담보권을 실행할 수 있다. 그러나 피담보채권(사전구상권)이 정리채권으로 신고 되어 변제기를 유예 받고 있으므로 담보권 실행은 사실상 불가능하다. 또한 정리계획 인가 시에 정리채권의 변제금액이 일부 감소한 경우에 실질적으로 물상보증인의 피담보채권이 일부 소멸한 것으로 보아야 한다. 다만 정리계획에 의하여 변제되지 않고 감축된 채무는 채무자에 대해서는 자연채무이나 물상보증인에 대해서는 집행 가능한 채무로 보아야 한다.

보권으로 변경된 경우는 정리담보권으로 취급된다.[56]

또한 정리절차 개시 후에 정리회사가 담보권부 채권을 양수한 경우에는 정리담보권자가 될 수 없으나, 정리절차 개시 후 담보의 목적물이 타인에게 양도된 경우에는 정리담보권자가 된다.[57]

4) 가액평가 기준

가) 가액평가의 의의

담보권자가 정리담보권에 기하여 정리절차에 참여할 수 있는 범위는 피담보채권 중 담보가액을 한도로 한다. 즉 담보목적물의 가액을 초과한 담보권은 정리채권이 될 뿐이다. 따라서 담보목적물 가액평가는 정리담보권을 결정하는 기준이 되므로 정리담보권자에게는 상당히 중요한 문제이다.[58] 그러나 우리 회사정리법은 담보가액의 산정방법 및 산정시기에 대하여 어떠한 기준도 제시하지 않고 있다. 다만 법원의 회사정리규칙에서 계속기업가치와 청산가치의 산정방법을 정하고 있으나, 이 역시 자산 평가가 필요한 때에 모두 적용되는 본질적인 해결책은 되지 않으므로 입법적인 해결책이 필요한 분야이다.

자산의 평가와 관련된 문제는 정리절차 진행 중 여러 부분에서 실제적인 문제로 대두된다. 정리절차 개시 결정의 기각사유에서 정하는 계속기업가치와 청산가치의 비교할 때, 의결권 산정시, 즉 정

---

56) 서울지방법원, 「회사정리실무」(서울지방법원, 2001), 179면.

57) 우성만, 앞의 논문, 284면.

58) Lucian A. Bebchuk/Jesse M. Fried, A New Approach to Valuing Secured Claims in Bankruptcy, 114 Harv. L. Rev. 2386, p.2388(2001).

리담보권액 결정 및 주주의 의결권 여부를 판단할 때, 강제인가조항을 결정할 때에 등장한다. 이하에서는 이와 관련된 문제 중 정리담보권의 액을 결정하는 기준에 관해서 한정하여 검토한다.

나) 가액평가 방법

(1) 청산가치와 계속기업가치

개별자산의 가액을 평가하는 데 먼저 전제가 되어야 할 사항은 계속기업가치(Going Concern Value)에 의할 것인지 혹은 청산가치(Liquidation Value)를 기준으로 판단을 할 것 인가이다. 일반적으로 계속기업가치가 청산기업가치보다 크게 나오므로[59] 정리담보권자는 청산가치보다는 계속기업가치에 의한 산정을 선호할 것이고, 정리담보권자 이외의 정리채권자 및 주주는 청산가치에 기한 산정을 원할 것이다.

이에 대하여 일본 회사갱생법은 계속기업가치를 담보목적물의 가액으로 인정하고 있다.[60] 그러나 우리나라는 대법원예규에서 '청산가치'란 도산기업이 파산적 청산을 통하여 해체·소멸되는 경우에 기업을 구성하는 개별 재산을 분리하여 처분할 때의 가액을 합산한 금액을 의미하며, 그 산정은 청산대차대조표상의 개별자산의 가액을 기준으로 하여 산정한다. 다만 유형고정자산은 법원의 부동산입

---

59) G. Newton, Bankruptcy and Insolvency Accounting: Practice and Procedures 500-01(2d ed., 1981), p.368. Chaim J. Fortgang/Thomas M. Mayer, Valuation in Bankruptcy, 32 UCLA L. Rev. 1061, p.1064(1985)에서 재인용. 그러나 항상 계속기업가치가 청산가치를 초과하는 것은 아니다. 예를 들어 기업에 필요 없는 잉여자산인 경우에는 계속기업가치보다 청산가치가 더 크게 나오는 경우도 있다.

60) 일본 회사갱생법 제124조의2 참조.

찰절차의 평균낙찰률을 적용하여 할인한 가액을 기준으로 산정하는 것으로 정하고 있고, '계속기업가치'란 기업재산을 해체·청산함이 없이 이를 기초로 하여 기업 활동을 계속할 경우의 가치를 말하며, 그 산정은 기업의 미래 수익흐름을 현재가치로 할인하는 현금흐름 할인법에 의하여 산정하도록 하고 있을 뿐,[61] 구체적으로 청산가치에 의할 것인지 계속기업가치에 의할 것인지는 정하고 있지 않다.

이에 대하여 실무에서는 회사정리법의 취지에 따라 시가주의에 의하여 평가하고,[62] 구체적으로는 관련 담보권자와 회사 사이에서 평가액에 관하여 합의가 있으면 그에 따르고, 다툼이 있으면 정리절차 개시 당시를 기준으로 한 감정평가액에 의하고 있다고 한다.[63]

그러나 담보권은 원래 담보권의 실행에 의하여 회수가능한 금액을 보상하면 족하고 그것 이상으로 궁핍한 재원 중에서 계속기업가치를 지급하여야 할 합리적인 이유는 없다는 견해도 있다.[64]

생각건대 정리절차가 개시되었다는 사실은 기업의 유지가 전제가 된 것이고, 정리계획에 참여할 담보권의 액을 평가한다는 사실은 정리계획의 인가에 따른 권리를 분배하기 위한 평가절차이므로 당연히 계속기업가치로 평가를 하여야 할 것이다.

더욱이 담보권자도 담보권실행 등 담보권에 기한 권리를 양보하면서 정리회사의 회생을 돕고 있는 것이므로 정리회사의 계속기업가치에 대한 이득을 공유할 이유가 있다. 다만 이미 언급했듯이 계속기업가치가 청산가치보다 크게 산출되는 것이 일반적이고, 정리

---

61) 회사정리사건처리요령(송민92-5) 참조.

62) 서울지방법원, 앞의 책, 218-219면.

63) 박홍우, "정리채권 등의 신고·조사·확정에 있어서의 문제점", 「회사정리법·화의법의 제 문제」 재판자료 제86집(법원도서관, 2000), 220면.

64) 박승두, 「한국도산법의 선진화방안」(법률SOS, 2003), 232면.

54

계획은 미래의 가치를 분배하는 불확정의 절차이므로 계속기업가치
에 대한 모든 권리가 정리담보권자에게 분배되는 것은 정리채권자
혹은 주주의 권리를 침해하는 것일 수도 있다.

(2) 가액평가시기

담보권의 평가원칙과 더불어 평가시기도 담보물의 가치를 결정짓
는 중요한 사항임에도 불구하고 현행 회사정리법은 정리담보권의
담보물에 대한 평가시기를 정하고 있지 않다. 그러나 이와 관련하
여 일본에서는 정리절차 개시 당시를 담보목적물 평가의 기준 시로
정하고 있다.65) 정리절차는 정리절차 개시 시점을 기준으로 관념적
청산을 행하는 것이고 관재인이 그 시점으로부터 회사의 업무와 재
산을 인계 받아 사업의 경영을 하게 된다. 따라서 정리절차 개시의
때를 기준으로서 재산의 평가를 하는 것이 논리적이다. 그리고 개
시 결정시 재무제표가 작성되므로 그 이후 추가로 평가를 하면 평
가가 복잡해지고, 시간의 경과에 따라 정리담보권자 간에 불균형이
발생하는 문제가 있기 때문이다.66) 예를 들어 시간의 경과에 따라
토지는 가치가 상승할 수 있고, 건물은 감가상각에 의하여 가치가
감소하는 문제가 있을 수 있다.

그러나 일본의 경우와 같이 정리절차 개시 당시를 담보목적물의
평가 시로 결정하는 것도 문제가 있다고 본다. 주주의 경우 의결권
산정 시에 추가적으로 정리기업의 채무초과사실에 대하여 평가하여
의결권의 인정 여부를 평가하도록 되어 있으므로 그때까지 자산가
치가 상승할 경우에는 정리담보권자의 권리를 침해할 소지가 있기

---

65) 일본회사갱생법 제124조의 2.
66) 松下淳一, "會社更生手續における財産評定－擔保權の目的物の價額を中
　　心に", 「ジュリスト」 No.1212(2001. 11), 35면.

때문이다. 따라서 적어도 평가시기를 일치시킬 필요가 있다.

（3） 개별자산의 평가방법

개별자산의 평가는 담보권자의 형평을 침해할 정도로 담보목적물마다 다른 기준으로 평가하는 것은 문제가 있으나,[67] 재산의 종류에 따라 다른 평가방법은 인정된다.[68] 평가의 객관적 기준은 회사의 유지, 갱생을 전제로 이른바 계속기업가치이어야 하므로, 그 기업의 수익성을 기반으로 수익환원법에 의한 수익가치의 평가방식이 표준적인 방식이라고 할 수 있으나, 재산의 종류와 특성에 따라 재조달원가에 의한 평가방식이나 비준가액에 의한 평가방식이라도 기업의 계속성을 감안한 객관적 가액을 반영할 수 있으면 족하다.[69] 예를 들어 건물과 기계기구의 경우에는 수익환원법이 타당하나, 토지의 경우에는 지가의 상승에 따라 처분가치가 수익환원법에 의하여 평가한 가액보다 많은 경우가 많으므로 다른 평가방법도 고려하여야 한다.[70]

실무에서는 토지, 건물 등 부동산의 경우에는 최근의 감정가와 공시지가 또는 과세시가표준액 중 보다 높은 가액으로 산출된 금액을, 선박, 자동차, 기계장치 등의 경우에는 취득가에서 소정의 감가상각을 한 금액을,[71] 상장주식의 경우에는 개시 결정 당시의 주가를, 비상장주식의 경우에는 액면가 또는 주식의 순자산가치 중 적절하다고 보는 것을 그 가액으로 보고, 만약 주식을 발행한 회사의 자본이 잠식된 경

67） 변재승 외, 앞의 책, 326면.

68） 田村諄之輔, "更生擔保權の目的物の評價", 「新倒産判例百選 別冊ジュリスト」 제106호（1990）, 125면.

69） 대법원 1991. 5. 28. 선고 90마954 판결.

70） 田村諄之輔, 앞의 논문, 125면.

71） 우성만, 앞의 논문, 363면; 변재승 외, 앞의 책, 327면.

우에는 주식의 가액을 "0"으로 보면 된다. 그리고 리스물건은 원칙적
으로 리스물건의 잔존가치를 가액으로 평가한다.[72]

다) 자산평가방법에 대한 대안들

미국에서도 제11장 절차에서의 회생가치(Reorganization Value)
및 담보물의 평가방법에 관하여 연방파산법에서 정하고 있지 않으
며,[73] 명확한 설명을 하고 있는 판례도 거의 없다고 한다.[74] 미국
대법원은 회생가치(Reorganization Value)를 미래에 기대된 수익의
현재가치(Present Worth of Future Anticipated Earnings), 수입의
기대(Expectation of Income)라고 표현하면서 수익에 대한 정의를
하지 않았다. 다만 소수의 판례에서 수익에 대한 접근방법으로 비
교가능한 회사의 가액에 의하는 방법(The Comparable Company
Analysis)과 현재가치할인(The Discounted Cash Flow Analysis)이
라는 2가지의 방식을 사용하였다. 그러나 가치결정 시에 그러한 방
법들을 어떻게 적용하는지에 대한 설명을 하지 않고 있다는 비판을
받고 있다.[75]

이렇게 직접 가치를 평가하려는 방식과는 달리 Bebchuk 교수는
담보목적물 및 기업가치에 대한 평가가 필요 없는 새로운 방식을
제시하였다.[76] Bebchuk방식은 정리회사에 주주, 담보채권자(A), 일

---

72) 서울지방법원, 앞의 책, 232면.

73) Fortgang/Mayer, op. cit., p.1062.

74) Peter V. Pantaleo/Barry W. Ridings, Reorganization Value, 51 Bus.
Law. 419, p.420(1996).

75) Ibid.

76) Lucian A. Bebchuk, A New Approach to Corporate Reorganizations,
101 Harv. L. Rev. 775(1988).

반채권자(B)가 있다는 전제하에 담보권자의 채권액을 X, 일반채권자의 채권액을 Y라 하면 대상회사의 총부채는 X+Y가 된다. 이때 주주의 모든 주식을 박탈하여 A에게 주면서 B에게 A의 주식 중 X만큼을 살 수 있는 옵션을 부여한다. 또한 주주에게는 B에게 X+Y의 주식을 살 수 있는 옵션을 부여한다. B와 주주의 주식매수권리 행사시 대상자는 의무적으로 주식을 매각하여야 한다. 다만 B가 옵션을 행사하기 전에 B와 주주의 옵션이 시장에서 충분히 거래될 시간이 있고, 자유롭게 시장에서 거래된다면 기업가치평가의 필요가 없이 당사자의 의사에 따라 이해관계가 결정되는 방식이다.

Bebchuk방식의 장점은 정리담보권자, 정리채권자, 주주 누구도 평가방법에 대하여 이의를 제기할 수 없다는 것이고, 단점은 옵션거래가 활발히 이루어지는 자본시장(資本市場)을 전제조건으로 한다는 점이다.[77]

Bebchuk방식의 단점을 보완해서 오수근 교수는 담보채권은 담보가치의 범위 내에서 그대로 두고, 무담보채권과 담보채권 중 담보가치를 초과하는 채권은 금액의 비율에 따라 모두 주식으로 전환하며, 기존주주에게 무담보채권자가 보유하게 된 주식을 채권액면액으로 매입할 선택권을 부여하는 방법을 제시하였다.[78]

라) 소결

위의 Bebchuk방식 및 오수근 교수의 방식은 결국 채권을 출자전환(出資轉換)하여 대상기업의 소유주가 되고 그 소유권 즉 주식을

---

77) 오수근, "회사정리계획안의 변제계획안에 관한 연구", 「상사법연구」 제18권 제2호(한국상사법학회, 1999), 370-371면.
78) 오수근, 앞의 논문, 371-372면.

자본시장의 적정가치로 매각하는 데 있다. 오수근 교수의 방식은 담보채권자의 담보가치를 언젠가는 평가하여야 하는 문제를 남기고 있으며, 위 2가지 방식모두 자본시장이 현물시장(자산 및 기업의 매매시장)보다 거래하기 쉽고 발달될 것을 전제로 하고 있다. 그러나 담보권에 한정하여 본다면 담보권 실행을 통한 현금화를 포기하여야 하는 문제 즉 정리절차의 원론적인 문제에 다다르게 된다.

필자의 사견은 담보권자에게는 감정가만큼[79]의 정리담보권을 인정하고 정리계획에 따른 변제를 받던지 아니면 경매실행권을 부여하여 경매절차에서 매각된 금액을 회수할 수 있는 선택권을 부여한다(감정가와 낙찰가의 차이는 정리담보권자의 손실로 처리하는 것으로 한다). 이와 같이 하면 담보권자는 청산가치 혹은 계속기업가치를 본인이 선택하게 된다. 그리고 매각조건으로 낙찰자는 경매목적물을 사용하는 것이 아니라 정리회사에 담보제공 하는 것으로 하면서 그 낙찰대금을 피담보채권액으로 하여 정리절차에 참여하는 것으로 하던지, 정리채권자, 주주 및 정리회사에게는 매각금액과 동일한 금액으로 경매목적물을 다시 매수할 수 있는 권리를 부여한다.[80] 이와 같은 방법을 사용하면 정리담보권자의 권리를 결정할 때 계속기업가치에 의할 것인지, 청산가치에 의할 것인지에 대하여 자유로울 수 있고, 그 선택권도 정리담보권자에게 부여하는 것이 되고, 자본시장이 상대적으로 발달하지 않은 우리나라에서도 현물시장(現物市場)을 통하여 권리를 매각하는 방법이 가능할 것이다.

---

79) 현재 상태에서는 정리담보권의 액을 결정하는 것일 뿐, 정리기업의 계속기업가치 혹은 청산기업가치의 분배를 하는 과정이 아니므로 현재 자산가격인 감정가를 정리담보권의 액으로 인정하여도 문제가 없다.

80) 예컨대 민사집행법 제140조의 공유자의 우선매수권과 유사한 매수권을 부여하는 것이다.

5) 담보권의 설정순위와의 관계

하나의 물건에 수건의 담보권이 존재하는 경우에 담보가액의 범위 내의 담보권만이 정리담보권이 된다. 또한 동일한 채권의 담보로 수개의 물건상에 저당권이 있는 소위 공동저당권이 선순위인 경우에 후순위 저당권자의 정리담보권인정 여부가 문제된다. 이 경우에는 공동저당의 목적인 부동산 전부에 관하여 동시배당이 행하여지는 경우의 민법 제368조를 유추적용 각 물건의 담보가치를 산정하여 그 비율대로 선순위 저당권의 담보가액을 제한 잔여 부분을 후순위 저당권자의 정리담보권으로 인정하면 될 것이다.[81]

나. 정리담보권의 종류

1) 법 제123조의 취지

회사정리법은 '유치권, 질권, 저당권, 양도담보권, 가등기담보권, 전세권 또는 우선특권으로 담보된 것'을 정리담보권이라고 하고 있다. 그러나 본조는 담보권에 대한 예시일 뿐이므로 예를 들어 민법상의 저당권뿐만 아니라 특별법이 인정한 선박저당, 공장저당, 공장재단저당, 광업재단저당 등에 의해 담보된 것도 정리담보권으로 보아야 한다. 따라서 진정한 의미는 인적담보가 아닌 물적 담보로 객관적으로 채권의 지급이 보장된 것을 의미하는 것이므로 법 제240조 제2항의 회사와 함께 채무를 부담하는 자 및 민법상의 연대채무, 연대보증채무, 어음·수표법상의 합동책임에 의하여 지급을 보

---

81) 같은 취지 우성만, 앞의 논문, 311면.

장받는 채권은 단순히 정리채권이 될 뿐이다.

정리절차는 정리회사의 회생을 통한 각 이해관계인의 이해조정에 그 목적이 있어 정리담보권이 실체법상의 담보권과 그 종류 및 내용이 정확히 일치할 수 없다. 다만 회사정리법의 목적을 감안하여 실체법인 담보제도의 근간이 유지되는 한도에서 정리담보권이 인정되어야 할 것이다. 이하에서는 문제가 되는 몇 가지 유형만을 검토한다.

2) 전형담보

가) 유치권

유치권은 민법상의 유치권과 상법상의 유치권을 모두 포함하는 것으로 본다.[82] 유치권은 목적물의 가치로부터 우선변제적 효력이 없고, 정리담보권의 담보가액 범위 이외의 권리이므로 원칙적으로 정리담보권이 될 수 없다. 다만 목적물의 점유를 통하여 그 지급을 강제할 뿐이다. 이러한 특질을 바탕으로 유치권이 성립한 담보목적물의 저당권자는 후순위인(시간적 의미에서) 유치권자에게 우선변제권을 양보하는 결과를 초래하게 된다. 따라서 저당권자가 정리절차에서 주장할 수 있는 정리담보권은 담보가치에서 유치권자의 권리를 제외한 부분에 한정된다.

특히 유치권이 정리절차에서 문제되는 것은 회사의 재건에 필수불가결한 기계 및 상품 등에 유치권이 성립하는 경우인데, 민법은 유치권의 소멸청구[83]를 인정하고 있는 반면에 상사유치권의 경우에

---

82) 일본은 상사유치권만을 정리담보권으로 인정한다. 일본 회사갱생법 제123조 제1항.

83) 피담보채권액을 한도로 목적물 가액을 공탁하면 되고, 유치권은 공탁금위에 존속하는 것으로 보아야 한다.

는 이와 같은 절차가 없어 이에 대한 입법적 보완이 필요하다.[84]

나) 우선특권

우선특권[85]은 정책상의 고려에 의하여 특별히 보호할 필요가 있는 채권에 관하여 각각의 경우에 개별법에서 채무자의 재산으로부터의 우선변제권이 인정되는 한편, 그 우선권의 내용이 동일하지 않고 이에 대한 공시방법도 갖추어지지 않은 불완전한 담보권이라 할 수 있다.[86]

일반적으로 인정되는 우선특권은 주택임대차보호법 및 상가임대차보호법상의 소액임차인의 최우선변제권, 근로기준법상의 근로자의 임금채권, 국세기본법 및 지방세법상의 조세채권 등이 해당된다.

3) 비전형담보

가) 양도담보

양도담보와 관련한 법적인 논쟁은 1984년 시행된 가등기담보등에 관한법률의 시행으로 일단락되었지만,[87] 회사정리절차상 정리담보

---

84) 일본은 1967년 상사유치권의 소멸제도를 도입하였다. 회사갱생법 제161조의2 참조: 통합도산법에서도 상사유치권의 소멸제도를 도입하고 있지 않다.

85) 우선특권에 관한 상세한 설명은 서정우 집필 부분, 「민법주해(Ⅶ)」(박영사, 1992), 474-491면 참조.

86) 우성만, 앞의 논문, 288면.

87) 목적물의 소유권 채권자에게 이전하는 형식을 취하지만 그 실질은 채권담보에 있어 채권자는 양도담보권이라는 일종의 담보권을 갖는 것이고, 설정자는 소유권에서 양도담보권을 제외한 권리를 갖는 것이다.

권인지의 문제가 해결되지 않았었다. 소유권 이전이란 법형식을 중시하여 환취권으로 취급을 할 것인지, 아니면 채권담보의 실질을 중시하여 정리담보권자로 취급할 것인지의 문제이었으나, 과거에는 실무처리와 판례[88]에서 정리담보권으로 인정되었고, 1998년 회사정리법 개정시 법상 정리담보권으로 규정하였다. 그러나 정리회사와 채권자 사이에 채권·채무관계가 존속할 경우에만 정리담보권이고, 채권·채무관계가 이미 소멸하였다면 양도담보권자가 소유자로 환취권을 행사할 수 있는 것으로 보아야 한다.

나) 소유권유보부 매매

(1) 쌍무계약 해당 여부

소유권유보란 매매대금을 완제하기 전에 미리 매매목적물의 점유를 매도인으로부터 매수인에게 이전하는 형식을 취하는 매매계약에 있어 대금완제를 정지조건으로 하여 소유권을 이전하는 것을 말한다. 소유권유보부 매매에서 목적물의 인도는 마쳐졌으나[89] 매매대금이 완제되지 않은 상태에서 매수인에 대하여 정리절차가 개시된 경우 매도인에게 유보된 소유권을 정리절차에서 어떻게 취급할 것인가가 문제된다. 즉 쌍방미이행 쌍무계약의 취급을 정한 법 제103조와 관련된 문제이다.

양도담보의 법적성질 및 이론전개에 관한 상세는 서정우 집필 부분, 앞의 책, 277-311면 참조.

88) 대법원 1992. 10. 27. 선고 91다42678 판결; 임채홍, "변태담보권자의 회사정리법상의 지위", 「대한변호사협회지」 제105호(대한변호사협회, 1985), 19-20면.

89) 목적물이 이전되지 않은 상태에서는 동조항이 적용될 여지가 없다. 條解 會社更生法(中), 551면.

이와 관련하여 학설은 구분적용설, 적용부정설, 적용긍정설로 나누이고 있다. 적용구분설은 부동산이나 자동차와 같이 소유권의 이전에 등기·등록을 요하는 경우 대금완제전에 매수인에게 정리절차가 개시되면 제103조가 적용되고, 동산의 경우에는 제103조의 적용이 없다는 것이다.[90] 왜냐하면 소유권유보부 계약은 채권적 측면에서 일종의 매매이며 대금완제가 있는 때에 다시 매매계약을 하려는 예약도 아니고 대금의 완제를 정지조건으로 하는 조건부매매도 아니며, 처음부터 완전히 유효한 계약으로서 성립하는 매매계약이기 때문이다. 다만 물권적 측면에서 소유권 이전이라는 물권행위만이 대금의 완제를 정지조건으로 하는 것이며, 대금을 완제하면 당사자 사이에 추가적인 물권적 합의가 없어도 당연히 소유권이 매수인에게 귀속하기 때문이다.[91]

적용부정설은 현재 서울지방법원이 취하는 견해로 소유권유보부 매매는 잔대금채권의 확보를 위한 담보적 성격을 갖고 있으므로 정리담보권으로 취급하여 제103조의 적용을 부인하는 것이다.[92]

(2) 매도인의 환취권인정 여부

소유권유보부 매매가 쌍무계약에 해당되는 경우에는 관리인이 해제권을 행사하거나 매도인이 정리절차 개시 전에 해제권을 취득하여 이를 행사하면 매도인은 매매목적물에 대한 완전한 소유권을 회복하여 그 목적물의 반환을 청구할 수 있다. 그런데 그 반대인 경

---

90) 松田二郎, 앞의 책, 91면.
91) 고원석, "할부계약에 있어서 매수인의 도산과 매도인의 권리", 「리스와 신용거래에 관한 제 문제(하)」 재판자료 64집(법원도서관, 1994), 374-378면 참조; 임채홍, 앞의 논문, 20면.
92) 서울지방법원, 앞의 책, 180-181면.

우에는 매도인과 매수인 사이의 법률관계는 매도인과 관리인의 관계로 변경되어 매도인은 미지급 매매대금에 대한 채권과 이를 담보하는 소유권유보 특약상의 권리를 갖게 된다. 이때 매도인이 갖는 미지급 매매대금에 대한 채권은 단순히 정리채권이다. 매도인이 갖는 나머지 권리 즉, 소유권유보 특약상의 권리가 과연 환취권(법 제62조)에 해당하는 가의 문제이다.

소유권유보부 매매에 있어서 매도인이 보유한 소유권은 완전한 소유권이 아니고 매수인의 조건부소유권에 의하여 물권적으로 제한된 것으로서 잔금 지급채권을 확보하기 위한 것이므로 그것의 법형식상으로도 매도인에게는 당연히 목적물의 반환을 구할 권리가 없다고 보아야 할 것이고, 환취권을 부여하여 매도인이 목적물을 환수하면 매도인과 매수인의 청산의무가 발생하여 새로운 해결과제가 발생하는 것 등을 고려할 때 정리담보권자로 취급하는 것이 타당하다.[93]

4) 기타

가) 사고신고담보금

사고신고담보금이란 어음발행인이 어음의 피사취 등을 이유로 지급은행에 사고신고와 함께 그 어음금의 지급정지를 의뢰하면서 당해 어음금의 지급거절로 인한 지급제재를 면하기 위하여 하는 별도의 예금을 말한다. 정리회사의 사고신고담보금이 예치되어 있던 중 정리절차가 개시되면 어음소지인이 정리회사의 정리담보권자가 되는지가 문제된다.

이에 대하여 대법원은 "사고신고담보금은 어음발행인인 회사가

---

93) 고원석, 앞의 논문, 381-384면.

출연한 재산이라고 하더라도 은행에 예탁된 이상 그 소유권은 은행에 이전되고, 은행은 이를 소비하고 동종의 금전을 반환하면 되는 것이므로 사고신고담보금 자체를 위 회사의 재산이라고는 볼 수 없고, 회사는 다만 은행에 대하여 사고신고담보금 처리에 관한 약정에서 정한 조건이 성취된 때에 한하여 비로소 은행에 대하여 사고신고담보금 반환청구권을 갖는데 불과한 것인데, 회사정리개시 결정이 있었다고 하여 위 약정이 무효로 되거나 조건부인 사고신고담보금 반환청구권이 조건 없이 정리회사인 위 회사에 귀속되어 그 회사의 재산이 된다고는 볼 수 없을 뿐만 아니라, 약속어음소지인의 사고신고담보금에 대한 권리와 회사의 사고신고담보금 반환청구권과는 서로 양립되지 않는 관계에 있으므로, 약속어음 소지인의 어음채권이 위 회사가 은행에 대하여 갖는 정지조건부 사고신고담보금 반환청구권에 의하여 담보될 수도 없는 것이므로, 사고신고담보금 처리에 관한 약정에 의하여 어음소지인이 지급은행에 대하여 취득하게 되는 권리가 회사정리법상 정리담보권이라고 볼 수는 없다"[94]고 하여 정리담보권이 아님을 분명히 하였다.

나) 신탁된 재산상의 담보권

채무담보를 위하여 채무자 소유 부동산을 수탁자에게 신탁하고 그 수익권을 채권자에게 부여하는 담보신탁의 경우 채무자에게 정리절차개시 결정이 된 경우 동 수익권을 근거로 한 채권자의 권리가 정리절차에서 정리담보권으로 인정되는가와 관련된 문제가 있을 수 있다.

이와 관련하여 대법원은 "신탁법상의 신탁은 위탁자가 특정의 재산권을 수탁자에게 이전하거나 기타의 처분을 하고 수탁자로 하여금

---

94) 대법원 1995. 1. 24. 선고 94다40321 판결.

수익자의 이익을 위하여 또는 특정의 목적을 위하여 그 재산권을 관리, 처분하게 하는 법률관계를 말하므로, 신탁자가 어음거래약정상의 채무에 대한 담보를 위하여 자기 소유의 부동산에 대하여 수탁자와 담보신탁용 부동산관리·처분신탁계약을 체결하고 채권자에게 신탁원본 우선수익권을 부여하고서, 수탁자 앞으로 신탁을 원인으로 한 소유권 이전등기를 경료하였다면, 위탁자의 신탁에 의하여 신탁부동산의 소유권은 수탁자에게 귀속되었다고 할 것이고, 그 후 신탁자에 대한 회사정리절차가 개시된 경우 채권자가 가지는 신탁부동산에 대한 수익권은 회사정리법 제240조 제2항에서 말하는 '정리회사 이외의 자가 정리채권자 또는 정리담보권자를 위하여 제공한 담보'에 해당하여 정리계획이 여기에 영향을 미칠 수 없다고 할 것"이라고 판시하여 정리담보권에 해당하지 않음을 분명히 하였다.[95]

다. 근저당권의 확정문제

1) 문제의 소재

근저당권의 확정에 관하여 민법과 회사정리법은 특별한 규정을 두고 있지 않다. 따라서 당사자들이 회사정리절차의 개시를 근저당권의 확정사유로 정하지 않은 경우에는 근저당권의 확정문제가 제기된다. 정리담보권은 정리채권 또는 정리절차 개시 전의 원인으로 생긴 회사 이외의 자에 대한 재산상의 청구권으로 확정되는 것이나, 그 이후에 발생한 채권이 근저당권의 피담보채권에 포함될 수 있는가와 관련한 문제가 있다. 이에 대해서는 확정설과 불확정설이

---

95) 대법원 2001. 7. 13. 선고 2001다9267 판결.

대립하고 있다.

2) 학설

가) 확정설

확정설은 정리절차가 개시되면 근저당권이 확정된다는 견해로 세 가지의 근거가 주로 제시되고 있다. 첫째 정리절차의 개시로 회사의 사업경영 및 재산의 관리처분권이 관리인에게로 귀속되고 회사는 법률관계의 각 분야에 걸쳐 새로운 단계에 들어가게 된다. 이와 같이 새로운 단계로 들어가는 것을 감안할 때 근저당권이 확정되는 것이 타당하고,[96] 근저당권 설정계약의 당사자였던 회사와의 관계에서는 더 이상 피담보채무가 발생할 여지가 없게 된다. 대법원[97]도 회사정리절차 개시 이후 근저당권자가 정리회사 또는 정리회사 관리인에게 그 사업의 경영을 위하여 추가로 금원을 융통하여 줌으로써 별도의 채권을 취득하였다고 하더라고 그 채권이 위 근저당권에 의하여 담보될 여지는 없다고 판시한 바 있다.

둘째, 정리절차의 청산적 성격이다. 정리절차는 기업의 유지 및 회생을 목적으로 하나 채무는 정리계획에 따라 청산하는 것을 목적으로 한다. 정리절차는 실제적으로 자산을 환가하여 채무를 청산하는 것은 아니지만, 청산을 전제로 한다. 청산절차라고 한다면 채무가 확정되어야 청산이 이루어지므로 어느 시점에는 채무를 확정하여야 할 필요성이 있다.[98]

---

96) 임채홍·백창훈, 앞의 책, 568면.

97) 대법원 2001. 6. 1. 선고 99다66649 판결.

98) 채원식, "회사정리절차 개시와 근저당확정의 유무에 관한 고찰(하)", 「

셋째, 확정설이 불확정설보다 법률관계를 간편하게 처리할 수 있고,[99] 후순위 권리자의 권리의 확정이 쉽다.

나) 불확정설

불확정설의 가장 주요한 논거는 법률에 근저당권을 확정시킬 근거가 없다는 사실을 들고 있다. 정리절차 개시에 따라 법원이 당사자에게 별도의 통지가 없는 이상 정리절차 개시 당시에 일률적으로 근저당권을 확정시키면 근저당권자가 불측의 손해를 입게 될 수 있다. 따라서 법에 규정이 없는 이상 근저당권이 확정된다고 보는 것은 무리다.[100]

둘째, 회사정리절차는 청산적 성격과 갱생적 성격을 겸하고 있는 것으로, 채권자가 근저당권을 실행하여 만족을 얻는 절차가 아니다.[101]

셋째, 정리절차 개시 이후에 근저당권이 확정되지 않는다면, 근저당권의 한도액에 여유가 있는 경우 관리인이 이를 이용하여 자본조달을 쉽게 하여 갱생계획의 수행에 도움이 될 수 있다. 이렇게 하지 못한다면 이미 후순위 담보가 설정된 경우에는 자금차입이 쉽지 않은 문제가 있다.[102] 그리고 후순위 저당권 설정시 선순위 최고액을 감안하고 담보가치를 파악하는 관행을 고려할 때 후순위 저당권자에게도 피해가 되지 않는다.

사법행정」 제26권 제9호(한국사법행정학회, 1985), 80면.

99) 임채홍·백창훈, 앞의 책, 569면.

100) 신용락, "회사정리절차 개시 결정과 근저당권의 확정시기", 「사법논집」 제26집(법원행정처, 1995), 121면.

101) 신용락, 앞의 논문, 124면.

102) 신용락, 앞의 논문, 125면.

3) 소결

회사정리법은 정리절차 개시 당시에 근저당권의 확정에 대하여 정하고 있지 않지만, 정리절차 이후의 원인으로 발생한 채권은 공익채권으로 정하고 그 변제에 있어서 정리절차에 의하지 않아도 된다고 정하고 있으므로 반드시 자금조달을 위하여 근저당권이 확정되지 않았음을 주장할 필요성은 없을 것이며, 선순위권자로부터의 자금조달이 추가로 가능한가 하는 문제도 대두할 수 있다. 이와 같은 점을 무시하고 근저당권의 확정을 부정할 이유는 없을 것이다.

또한 정리절차는 채권신고를 통하여 채권을 확정하고 정리계획에 의하여 권리관계를 확정하도록 하고 있다. 따라서 정리절차가 청산적 성격과 갱생적 성격 중 어떠한 성격을 갖고 있는가의 문제가 아니라, 정리절차는 회사의 갱생을 이루는 과정이고 정리계획을 작성할 당시에 관련 채무에 대한 변경이 이루어지는 점을 고려할 때, 정리계획의 근거가 될 채권이 확정될 필요가 있으므로 근저당권이 확정된다고 보는 것이 더욱 타당할 것이다.

5. 주주권

주주는 법률적으로 주식회사의 구성원이지만 경제적으로 주식회사의 소유자가 된다. 이러한 관점에서 주식회사에 대한 주주의 권리는 구성원으로서 회사의 관리 경영에 참여하는 것을 목적으로 하는 공익권(共益權)과 소유자로서 경제적 이익을 추구하는 자익권(自益權)의 주체가 된다. 일반적으로 공익권에 속하는 권리는 주주총회의 소집 청구권 및 의결권 등이고, 자익권에 속하는 권리는 이익배당청구권 및 잔여재산분배청구권 등이다.

그러나 정리절차가 개시되면 사업의 경영 및 재산에 관한 관리, 처분권이 관리인에게 속하게 된다. 따라서 주주는 정리회사의 경영에 관여할 수 없는 점에서 공익권에 제약을 받게 되고, 회사재산의 처분권 및 정리절차에 의하지 않고서는 이익배당을 실시할 수 없어(법 제52조 제1항) 자익권에 제한을 받게 된다. 또한 화의는 채무의 조정문제이므로 주주가 참여할 이유가 없으나, 정리절차에서는 이해조정의 대상으로 주주도 포함시키고 있고(법 제1조 참조) 절차에 참여하기 위하여 주주권에 대한 신고를 강제하고 있다. 다만 정리절차 개시 당시에 회사의 부채의 총액이 자산의 총액을 초과하는 경우에는 주주는 관계인집회에서 의결권을 갖지 않으므로 신고할 실익이 없다(법 제129조 제3항).

주주의 의결권을 확정하는 자산과 부채의 평가시점에 대하여 회사정리법은 정리절차 개시 당시라고 정하고 있다. 그러나 계획안의 인가단계에서 자산이 부채를 초과하면 다시금 의결권을 부여하는 것이 타당하나 회사정리법이 평가시점을 한정하고 있어 주주의 권리가 부당하게 침해되는 경우가 초래될 수 있다.[103] 또한 그 평가방법을 계속기업가치에 의할 것인가 청산가치에 의할 것인가에 관해서는 정하고 있지 않다. 정리절차는 기업의 존속을 전제로 하는 제도이므로 회사자산에 대한 평가는 계속기업가치에 의하는 것이 타당하다.[104]

---

103) 임채홍・백창훈, 앞의 책, 582면.
104) 임채홍・백창훈, 앞의 책, 581면.

제3장 정리절차 개시 전 임시적 권리제한

제1절 서 설

정리절차의 개시 결정이 있으면, 그 효과로 정리회사의 사업경영과 재산의 관리 및 처분권에 관한 권리는 관리인에게 전속하게 되고 이해관계인의 정리회사에 대한 개별적인 권리행사는 금지된다. 그러나 정리절차 신청 이후 개시 결정 이전까지 개시 여부를 심리하고 있는 단계에서는 이와 같은 효과가 아직 발생하지 않는다. 따라서 이 시기에 정리회사가 방만하게 사업을 경영하거나 재산을 도피, 은닉할 우려가 있으며, 정리회사가 특정 채권자에게 특혜적으로 변제할 우려가 있다. 한편으로는 이해관계인에 의한 권리행사로 기업의 정상 경영이 방해될 염려도 있다. 이와 같은 문제는 이해관계인 사이에 불평등을 유발할 수 있으며, 정리회사의 중요 재산의 소멸로 인하여 회생 가능한 정리회사의 회생 기반이 파괴되어 정리절차의 이념이 침해될 여지가 있다.

이를 방지하기 위하여 회사정리법은 정리절차 개시 결정 이전에 이해관계인의 신청 또는 법원 직권으로 회사의 업무와 재산에 관하여 또는 채권자의 권리행사에 대하여 보전처분과 중지명령의 형태로 임시적인 권리제한을 가할 수 있도록 정하고 있다.

보전처분은 정리절차 개시의 효력을 보전처분 결정 시로 소급하여 발생시키는 것이다. 즉, 보전처분은 이해관계인의 이익을 해하지 않는 한도에서 개시 결정의 효과를 가급적 선취하는 것을 목적으로 하는 것이다.[1] 특히 관리명령이 발하여지는 경우는 절차 개시 이후 관리인의 권한 중 대부분이 보전관리인에게 이전되기 때문에 절차 개시와 가장 근접한 효력이 발생하는 것으로 보아야 한다.

이러한 보전처분 및 중지명령은 정리절차 개시 결정 여부에 대한 결정 이전에 되며, 개시 결정 혹은 기각결정에 의하여 영향을 받는다는 점에서 그 효과는 유동적·임시적이라고 할 수 있다. 그리고 1999년 회사정리법 개정으로 회사정리절차 개시 결정에 대한 신청이 있고, 형식적 요건만을 검토한 후 신청기각사유가 없으면 원칙적으로 법원이 신청일로부터 1개월 내에 개시 결정을 하도록 하고 있어 보전처분의 중요성이 다소 감소하였다고 할 수 있다.

그러나 회사정리절차 개시 결정 이전에 즉 청산가치보다 계속기업가치가 크다는 법원의 결정 없이 이해관계인간의 불평등 방지와 회생을 목적으로 하는 정리절차의 이념실현을 위하여 이해관계인의 권리를 잠정적으로 제한하고 있다는 점에 있어서 무엇이 이해관계인의 권리를 제한하는가 하는 의문이 제기될 수 있다.

이하에서는 현행 회사정리법이 정리절차 개시 결정 이전에 발하는 임시적 권리제한인 보전처분 및 중지명령의 상세한 내용과 문제점을 살펴보고, 통합도산법상의 임시적 권리제한의 모습과 그 대안을 제시하기로 한다.

---

1) 霜島甲一, 「倒産法體系」(勁草書房, 1998), 130면.

제2절 보전처분

1. 보전처분의 의의

가. 의의

법원은 정리절차 개시 결정을 하기 전에 이해관계인의 신청에 의하여 또는 직권으로 회사의 업무와 재산에 관하여 가압류, 가처분 기타 필요한 보전처분을 명할 수 있고, 이러한 보전처분 외에 필요하다고 인정하는 경우에는 보전관리인에 의한 관리를 명할 수 있다. 이와 같이 법원이 정리회사에 대하여 일정한 행위에 제한을 가함으로써 회사재산의 산일(散逸)을 방지하여 정리절차의 진행목적을 달성하도록 정리절차 개시 결정 시까지 임시로 행하는 절차를 보전처분이라고 한다.

보전처분은 처분금지 보전처분, 업무제한 보전처분(법 제39조 제1항)과 보전관리인에 의한 관리명령인 조직법상의 보전처분(동조 제3항)으로 구분할 수 있다. 이 모두를 광의의 보전처분이라고 하고, 처분금지 보전처분, 업무제한 보전처분만을 협의의 보전처분이라고 한다.[2]

---

2) 서울지방법원, 「회사정리실무」(서울지방법원, 2001), 42면; 일본 회사갱생법 제39조 제1항 참조.

나. 보전처분의 법적 특성

1) 민사집행법상의 보전처분과의 구별

법원이 명하는 보전처분에 가압류, 가처분이 포함되어 있으나, 이는 민사집행법상의 보전처분과 용어에 있어 동일하고, 책임재산의 보전이라는 측면에서 그 목적이 비슷하다. 그러나 정리절차에서의 보전처분은 항상 본안법원의 전속관할에 속하며, 신청인에 대한 상대방이 반드시 존재하여야 하는 것도 아니고, 본안법원이 그 처분을 직권으로 명할 수 있을 뿐만 아니라 처분 후에도 직권으로 이를 취소, 변경할 수 있는 등 민사집행법상의 보전처분과는 크게 구별되는 특징을 지니고 있다. 따라서 정리절차 신청 이후 보전처분이 필요한 경우에는 민사집행법상의 가압류, 가처분에 의할 수 없고, 반드시 회사정리법상의 보전처분을 통하여 그 목적을 달성하여야 하며, 민사집행법에 관한 가압류, 가처분의 신청요건 및 취하 등의 적용은 배제되는 것으로 본다. 또한 회사정리법상 보전처분은 민사집행법의 가압류, 가처분과는 구별되는 특수한 보전처분으로 보는 것이 통설이다.[3]

2) 중지명령과의 관계

정리절차 개시 결정 이전에 하는 잠정적인 처분으로는 중지명령(법 제37조)과 보전처분이 있다. 양자는 개시 결정 이전에 잠정적

---

3) 서울지방법원, 앞의 책, 주)19 참조; 변재승 외, "서울민사지방법원의 회사정리사건 처리실무", 「사법논집」 제25집(법원도서관, 1994), 241면; 임채홍·백창훈, 「회사정리법(상)」(한국사법행정학회, 2002), 230면.

으로 행하여진다는 데 공통점이 있으나, 전자는 주로 채권자인 제3자에 대하여 강제적인 권리실현을 금지하는 것이고, 후자는 채무자인 회사 자신에 대한 일정한 행위를 제한하는 제도라는 점에서 구별된다. 또한 양 제도는 정리절차 개시 전에 회사의 재산산일의 방지와 이해관계인의 권리보호를 위하여 필요하고 전자는 후자의 보완적인 성격이 강하다.

3) 제3자에 대한 보전처분과의 관계

제3자에 대한 보전처분(법 제72조)은 발기인, 이사, 감사, 검사인 또는 청산인에 대한 주금납입청구권 또는 손해배상청구권을 보전하기 위하여 그들의 개인재산에 대하여 하는 처분이다. 사정재판(査定裁判)[4]에 의하여 확보된 발기인 이사 등에 대한 손해배상청구권 등의 집행에 관한 실효성을 확보하기 위하여 인정되는 것으로 긴급한 필요가 있는 경우에는 정리절차 개시 결정 이전에도 법원이 직권 또는 관리인의 신청으로 할 수 있다.

양 제도는 책임재산을 보전하여 이해관계인의 권리를 보장하는 측면에서는 동일하나, 제3자에 대한 보전처분은 회사 이외의 개인재산에 대한 보전처분이며, 회사재산의 증식을 위하여 인정되는 것임에 반하여 정리회사에 대한 보전처분은 회사재산에 대하여 그 감소를 방지하는 것이라는 점에서 차이가 있다.

---

4) 사정재판은 정리절차 개시 결정이 있는 때에 발기인, 이사, 감사, 검사인 또는 청산인에 대한 주금납입청구권 또는 그 책임에 기한 손해배상청구권의 존부를 조사하여 청구권의 존재가 인정되는 경우에는 통상의 소송절차에 의하지 아니하고 법원이 서면심리만을 통하여 그 금액의 지급을 명하는 재판절차이다.

2. 처분금지형 보전처분

가. 의의

처분금지 보전처분은 회사의 가치유지가 곤란하게 되어 회사의 회생에 지장을 주는 회사재산의 처분행위를 방지함을 목적으로 하는 보전처분이다. 재산처분행위는 사실상의 처분과 법률상의 처분으로 구분된다. 전자의 예로는 회사에 의한 은닉, 채권자에 의한 반출 등이고, 후자의 예로는 회사에 의한 담보제공, 임대 등이 있다. 그리고 처분금지 보전처분은 그 대상의 특정성에 따라 개별재산에 대한 보전처분, 부동산 등 일정 종류의 재산 전체에 대한 보전처분, 회사의 전 재산에 대하여 하는 일반적 처분금지의 보전처분으로 나눌 수 있다.[5]

나. 효력

1) 상대적 효력

처분금지 보전처분의 효력은 회사정리절차와의 관계에서 상대적이다. 즉, 회사정리절차 개시 신청이 취하, 기각, 각하, 개시 결정의 취소가 있는 경우에는 처분금지의 효력도 소급하여 소멸한다. 그러나 절차가 개시된 이후에는 정리절차가 폐지되는 경우에도 보전처

---

[5] 서울지방법원은 종전에는 개별재산에 대한 보전처분을 하였으나, 1998년 회사정리법 개정 이후에는 일반적 처분금지 보전처분을 주로하고 있다고 한다. 서울지방법원, 앞의 책, 46면.

분의 효력에는 아무런 영향이 없다.

보전처분의 효력은 보전처분의 개별 내용에 따라 정하여지며, 개별재산에 대한 보전처분은 명시된 개별재산에 대한 처분금지 효과가 있을 뿐이다. 따라서 보전처분 당시에 누락된 재산이나 보전처분 이후에 취득한 재산에 대해서는 보전처분의 효력이 당연히 미치지 않고 필요시 추가적인 보전처분이 필요하다.

따라서 회사 소유에 속하는 물건과 권리에 관한 소유권양도 등 일체의 처분행위를 금지하는 내용의 회사재산 보전처분인 일반적 처분금지 보전처분은 회사재산을 유지하려는 보전처분의 목적에 가장 효율적이고 적합하다. 다만, 일반적 처분금지 보전처분의 목적이 "회사의 자산의 잠정적 유지와 회사정리에 지장을 주는 재산의 처분행위를 방지함을 목적으로 한 것이고 회사정리법에 의한 회사정리는 조업의 계속을 전제로 하는 절차이므로, 위와 같은 내용의 보전처분결정이 있었다고 하여 회사의 계속적이고 정상적인 조업을 가능하게 하는 영업활동에 해당하는" 행위에는 미치지 않는 것으로 보아야 한다.[6] 따라서 영업활동에 해당하는 물품의 납품계약, 원재료 및 판매를 위한 제품 등에는 처분금지의 효력이 미치지 않는 것으로 보아야 할 것이다.

처분금지 보전처분을 제3자에 대하여 주장하기 위해서는 처분행위를 금지하는 물건 또는 권리에 따르는 적절한 요건(등기나 등록 등)을 갖추도록 1981년 회사정리법 개정시 명문으로 개정되었다(법 제39조 제8항). 따라서 처분금지에 대한 등기나 등록 이전에 권리를 취득한 제3자에게는 보전처분의 효력을 주장할 수 없다.[7] 다만, 보

---

6) 대법원 1991. 9. 24. 선고 91다14239 판결.

7) 三ケ月章 等, 「條解 會社更生法(上)」(弘文堂, 2001), 389면; 임채홍・백창훈, 앞의 책, 245면.

전처분의 대상이 동산인 경우에는 특별한 공시방법이 없어, 취득자가 선의취득의 요건을 갖춘 경우에는 정리회사에 대하여 권리를 주장할 수 있다고 본다.

2) 강제집행 등과의 관계

처분금지 보전처분이 등기 혹은 등록 등의 적절한 요건을 갖춘 경우에 당해 재산에 대한 새로운 강제집행 또는 경매절차의 개시가 가능한가가 문제될 수 있다. 보전처분 등기 이전에 설정된 담보권 또는 보전처분 등기 이전에 경매개시 결정의 등기가 된 때에는 보전처분의 등기가 당해 강제집행 또는 경매절차의 개시, 속행을 금지 할 수 없고, 동 절차에 의하여 매각된 경우 소유권 이전등기를 위하여 보전처분의 등기를 말소할 수 있다. 그러나 그 이외의 경우에는 경매절차의 개시는 허용되나 환가절차에 들어 갈 수 없고, 설사 매각된 경우에도 경락인은 정리절차와의 관계에서 목적물에 관한 권리를 주장할 수 없다고 보아야 한다.[8]

3. 변제금지 보전처분

가. 의의

변제금지 보전처분은 당해 회사에 대하여 일종의 부작위(不作爲)를 명하는 것으로 그 효력은 원칙적으로 당해 회사에만 미치고 제3

---

8) 條解 會社更生法(上), 389면.

자에게는 미치지 않는다.9) 일정 부문의 영업의 휴지, 일정액 이상의 거래를 금지하는 등의 형태로 취하여지는 업무제한형 보전처분의 한 유형이다. 그 종류로는 변제금지 보전처분, 차재금지(借財禁止) 보전처분이 있으나, 주로 문제되는 것은 변제금지·차재금지 보전처분이다. 변제금지 보전처분은 그 효력이 제3자에게 미치지 않으므로 특별히 공시할 필요가 없을 것이나, 상업등기부에 보전처분의 내용에 대하여 공시하자는 견해도 있다.10)

나. 효력

1) 이행기도래 및 이행지체

변제금지 보전처분은 채무의 이행기를 유예하는 것이 아니다. 따라서 회사가 부담하는 채무의 이행기는 도래하는 것이다. 보전처분을 이유로 변제를 하지 아니하는 회사는 채무불이행에 따른 계약의 해제 및 지연손해금의 발생을 포함한 민법상 모든 책임을 부담하게 된다.11) 특히 1회라도 지급기일을 해태(懈怠)하면 잔대금 전체에 대한 기한의 이익상실약정이 있는 계약에 있어서 변제금지 보전처분으로 인하여 지급기일에 변제를 하지 못한 경우에도 기한의 이익상실효과가 발생한다고 보며, 보전처분 이후 정리절차가 기각된 경우라면 즉시 전체의 잔대금에 대한 이행을 구할 수 있다.12)

---

9) 대법원 1993. 9. 14. 선고 92다12728 판결.

10) 홍일표, "회사정리법상의 변제금지의 보전처분과 이행지체", 「재판자료」 제38집(법원도서관, 1987), 626-627면 참조.

11) 條解 會社更生法(上), 396면; 서울지방법원, 앞의 책, 48면; 임채홍·백창훈, 앞의 책, 249면.

2) 계약의 해제권 발생 여부

이행지체 및 채무불이행에 따른 효과로 상대방에게 인정되는 계약의 해제를 인정할 것인가와 관련한 논의는 첫째 계약의 해제권이 발생하지 않는 다는 견해,[13] 둘째 해제권 자체는 발생하나 해제권을 행사하여 회사재산을 환취하는 것은 정리재건에 지장을 주고, 해제권을 인정하는 것은 미이행 쌍무계약에 기한 관리인의 선택권을 박탈하는 것이기 때문에 해제권을 행사할 수 없다는 견해,[14] 셋째 이행기에 변제하지 아니하면 채무불이행 책임을 지고 이에 기하여 계약을 해제할 수 있다는 견해[15]가 있다.

생각건대 보전처분으로 인하여 발생한 해제권 행사사유를 근거로 해제권을 인정하는 것은 보전처분의 목적을 해치는 것이므로 해지권 자체가 발생하지 않은 것으로 보는 것이 타당하다. 다만 보전처분 결정 이전에 이미 해지권이 발생한 상태에서 해제권의 행사요건을 갖춘 경우에는 해제권을 행사할 수 있다고 보아야 할 것이다. 그러나 그 행사시점에 정리절차 신청에 따른 보전처분 또는 중지명령으로 인한 사실상의 장애가 발생하였을 것이므로 그 실익이 없을 것으로 본다.

3) 제3자의 변제 및 제3자에 대한 청구

변제금지 보전처분은 정리회사에 대하여만 효력이 있는 것으로

---

12) 홍일표, 앞의 논문, 633면.
13) 일본최고재판소 1982. 3. 30. 판결, 민집 36권 3호 484면.
14) 홍일표, 앞의 논문, 636면.
15) 황한식, "회사정리법상 보전처분", 「회사정리법·화의법의 제 문제」 (법원도서관, 2000), 36면.

"정리채권자는 보증인에 대해서 언제든지 본래의 채권을 청구하고 집행할 수 있으며, 정리계획에 의하여 정리채권의 수액이나 변제기가 변경되었다고 하더라도 그것은 보증인의 보증책임에는 아무런 효력을 미치지" 않는다.[16] 또한 물상보증인에 대하여도 회사정리절차와 관계없이 그 담보권의 실행이 가능하고,[17] 약속어음의 발행인에 대하여 변제금지 보전처분이 내려진 경우에도 어음소지인은 소구권(遡求權)을 행사할 수 있다.

4) 이행의 소 및 강제집행에 대한 효력

회사에 대한 이행의 소는 그 판결만으로 회사재산의 감소를 초래할 우려가 없으므로 허용된다고 보아야 할 것이며,[18] 이행의 소가 제기된 경우 변제금지 보전처분은 강제집행을 저지하는 효과[19]가 없으므로 정리회사는 보전처분을 이유로 항변할 수 없다고 보아야 한다.[20] 또한 양도담보권자의 양도담보권 실행[21] 및 채권자의 상계[22]도 가능하다. 따라서 정리회사는 강제집행 등에 대하여 중지명령으로만 대항할 수 있는 것이다.

---

16) 대법원 1988. 2. 23. 선고 87다카2055 판결; 대법원 1993. 8. 24. 선고 93다25363 판결.
17) 대법원 1967. 12. 26. 선고 67마1127 판결.
18) 홍일표, 앞의 논문, 633면.
19) 대법원 1993. 9. 14. 선고 92다12728 판결.
20) 條解 會社更生法(上), 397면.
21) 대법원 1992. 10. 27. 선고 91다41678 판결.
22) 대법원 1993. 9. 14. 선고 92다12728 판결.

5) 부정수표단속법과의 관계

은행이 수표의 지급기일에 예금부족, 거래정지처분 혹은 수표계약의 해제(해지)로 인하여 부도처리한 경우에는 그 발행인은 부정수표단속법에 의하여 처벌된다.[23] 그러나 회사정리법상의 보전처분이 있는 경우에는 그 지급을 위탁 받은 은행은 예금이 있는지 여부에 관계없이 보전처분을 이유로 당연히 지급거절을 하여야 하는 것이므로 회사에 대한 보전처분이 있은 이후에 지급제시된 수표에 대하여 비록 은행이 지급거절사유를 예금부족으로 하였다 하더라도 그 지급거절이 보전처분에 따른 지급제한에 기한 것이므로 발행인은 처벌되지 않는다.[24] 따라서 회사정리법상의 보전처분은 회사의 대표자가 부정수표단속법의 처벌을 면하기 위하여 악용할 소지가 있으며 개인에게는 정리절차가 적용되지 않으므로 개인인 채무자와 형평의 문제를 유발할 소지가 있다.

다. 변제금지 보전처분의 위반

1) 위반된 변제의 효력

변제금지 보전처분을 위반하여 한 변제의 효력에 대해서는 채권자의 선의·악의와 관계없이 유효하다는 견해,[25] 악의인 경우에는 무효라는 견해가 있다. 보전처분이 회사재산의 산일방지, 회사 갱생

---

23) 부정수표단속법 제2조 제2항.
24) 대법원 1990. 8. 14. 선고 90도1317 판결.
25) 條解 會社更生法(上), 398면.

의 도모, 총채권자의 이익을 평등하게 보전하기 위한 제도인 점에
비추어 보면 후자의 견해가 타당하고, 지배적인 견해이다.[26] 어떠한
견해를 취하든 채권자가 악의인 경우에는 부인권의 대상이 되고,
보전처분을 위반한 대표이사 등은 손해배상책임을 부담한다.

2) 법원의 변제허가

보전처분에 반하는 행위인 경우에도 법원의 허가를 득한 경우에
는 유효하다. 법원은 회사가 하고자 하는 행위의 내용이 회사재산
의 산일 방지, 회사재건의 도모, 모든 이해관계인간의 공평이라는
보전처분제도의 목적에 배치되는지 여부, 그 행위가 불가피한 정도,
상충되는 이해관계인 상호간의 이익형량 및 새로이 이해관계를 맺
게 되는 자의 손해발생 여부 등의 제반 사정을 고려하여 그 허가
여부를 결정할 수 있다.

4. 조직법상 보전처분

가. 관리명령의 의의 및 필요성

보전관리인에게 관리를 명하는 관리명령은 정리절차 개시 신청
이후 개시 결정 시까지 회사를 파탄에 이르게 한 대표이사에게 계
속 회사의 경영을 맡기는 것이 부적당하고, 회사정리절차의 신청이
남용되는 것을 방지하기 위하여 취하는 보전처분의 일종이다. 관리

---

26) 황한식, 앞의 논문, 38면; 서울지방법원, 앞의 책, 51면.

명령이 발하여지면 회사의 사업경영, 재산의 관리처분권한은 보전관리인에게 이전되고 이와 관련된 대표이사의 권한은 실효한다.

1999년 회사정리법 개정 전에는 정리절차 신청 이후 약 1개월 이후에 보전관리인이 선임되었으나, 개정법이 정리절차의 개시여부를 신청 이후 1개월 이내에 결정하도록 정하면서 시간적으로 관리명령은 그 존재의의가 반감되었다.

나. 보전관리인의 지위

1) 보전관리인의 권한

보전관리인은 정리절차 개시 이후에 선임되는 관리인과 동일한 지위를 점하는 것으로 관리명령이 내려지면 신청회사의 사업경영 및 재산의 관리처분권이 보전관리인에게 귀속된다. 특히 보전관리인의 권한은 회사의 의사결정기관 및 대표기관으로서의 지위가 아니므로 정상기업인 경우 이사회나 주주총회의 의결을 요하는 사항에 관하여서도 의결 없이 처리할 수 있다.[27]

종래의 대표이사, 이사, 감사 등의 임원은 회사사업의 경영과 재산의 관리처분권은 상실하나 주주총회 및 이사회의 소집 등의 행위를 할 수는 있다. 다만, 사업경영과 재산관리처분에 관한 권능이 정지되었으므로 이에 관한 결의를 할 수 없고,[28] 임원 등의 보수도 지급되지 않는다.

---

27) 임채홍·백창훈, 앞의 책, 222면.
28) 대법원 1991. 2. 8. 선고 90다카 23387 판결.

2) 보전관리인의 의무와 책임

법원은 보전관리인 선임시 보전관리인에게 회사재산의 처분, 재산의 양수, 차재(借財), 쌍방미이행계약의 해지권, 소의 제기, 화해(和解), 권리의 포기, 공익채권과 환취권의 승인 등과 관련한 행위에 대하여 법원의 허가를 받도록 정할 수 있고(법 제54조), 보전관리인은 이러한 결정에 준수할 의무를 부담한다. 그러나 보전관리명령시 법원이 허가사항에 대하여 정하지 아니하였다면, 법원의 허가 없이 한 보전관리인의 행위는 무효가 되지 않는다.[29] 또한 선의의 거래 상대방은 보전관리인에 대하여 유효를 주장할 수 있다. 제3자가 보전관리인의 권리능력제한 사항을 모르는 경우, 제한사항을 알고 있으나 허가를 득하였음을 믿는데 과실이 없는 경우에는 선의가 인정된다. 그리고 권리제한의 인식여부에 대한 과실유무는 묻지 않는다.[30]

보전관리인은 선량한 관리자의 주의로써 그 직무를 집행하여야 하고 이러한 주의를 해태한 때에는 이해관계인에 대하여 연대하여 책임을 부담한다.

다. 관리명령과 처분금지형 보전처분과의 관계

보전관리인은 회사의 기관에 갈음하여 사업의 경영이나 재산의 관리처분을 하는 기관이므로 처분금지형이나 업무제한형 등 전형적인 보전처분의 효력이 보전관리인에게도 미친다고 보아야 한다.[31] 그러

---

29) 대법원 1993. 9. 14. 선고 92다12728 판결.
30) 황한식, 앞의 논문, 47면.
31) 임채홍·백창훈, 앞의 책, 222면.

나 보전처분에서 금지한 행위도 보전관리인이 법원의 허락을 득하고
한 행위만 유효한 것으로 보아야 하고, 법원의 허가 없이 보전처분에
반하는 행위를 한 경우에는 그 행위는 무효로 보아야 한다.

5. 보전처분 이후 정리절차 신청취하의 제한

가. 취하제한의 취지

1981년 회사정리법 개정 전에는 보전처분이 발하여진 경우에도
정리절차 개시 결정 이전에는 정리절차의 신청 취하가 가능하였기
때문에 신청인 회사가 보전처분제도를 악용하여 변제금지보전처분
을 얻어 채무의 변제를 미루다가 적당한 때에 신청을 취하하는 폐
단이 발생하였다.

이를 금지할 목적으로 회사정리법 개정 시에 보전처분 이후에 정
리절차의 신청을 취하하는 경우에는 법원의 허가를 얻도록 하게 된
것이다. 취하제한의 근거는 정리절차와 같은 집단적 채무처리절차
는 전채권자의 채무처리에 영향을 미치게 되므로 신청인에게 그 처
분권을 무제한으로 부여하면 타인의 이해를 해할 수 있으므로 신청
인의 처분권을 일정 부분 제한할 필요가 있기 때문이다.[32]

나. 취하가 제한되는 경우

신청의 취하가 제한되는 보전처분은 협의의 보전처분이거나 광의

---

[32] 임채홍·백창훈, 앞의 책, 198면.

의 보전처분을 가리지 않고 보전처분이 신청에 의했는지 직권에 의하였는지를 불문한다. 보전처분이 발하여졌으나 항고로 인하여 보전처분이 취소된 경우에는 취하의 제한을 받지 않는다. 다만 항고가 계속 중인 경우에는 취하가 제한되는 것으로 보아야 한다.

중지명령이 있는 경우에는 정리절차 개시 신청 및 보전처분의 취하를 제한하는 규정이 없으나 위와 같은 이유로 취하를 제한하는 것이 입법적으로 타당하다.[33]

제3절 중지명령

1. 의의

정리절차 개시 신청이 있는 경우 법원은 이해관계인의 신청 또는 직권에 의하여 정리절차 개시 결정이 있는 때까지 파산절차, 화의절차, 정리채권이나 정리담보권에 기하여 회사재산에 대하여 이미 하고 있는 강제집행, 가압류, 가처분, 담보권 실행 등을 위한 절차의 중지를 명할 수 있다. 또한 국세징수법에 의한 체납처분, 국세징수의 예에 의한 체납처분 또는 조세채무담보를 위하여 제공된 물건의 처분에 대한 중지도 명할 수 있다(법 제37조).[34]

중지명령은 보전처분과 함께 정리절차 개시 결정 전에 강제적인 권리실현행위를 금지함으로써 회사 재산의 산일을 방지하기 위한

---

33) 임채홍·백창훈, 앞의 책, 199면.
34) 임채홍·백창훈, 앞의 책, 213면.

제도이다. 다만 제한의 대상이 회사의 채권자, 담보권자 등 제3자인 점에서 채무자를 대상으로 하는 보전처분과 차이가 있다.

회사정리절차 개시 결정이 있는 때 다른 절차의 중지(법 제67조)에 의하여 채권자 등의 권리행사가 제한되는데 이는 정리절차 개시 결정의 효과로 이미 진행되는 강제집행, 가압류, 가처분 등이 포괄적으로 금지되는 데 반하여 개시 결정 이전의 중지명령은 정리절차 개시 이전에 이미 계속하는 일정한 절차를 개별적으로 중지하는 데 그 특색이 있다.

2. 요건

법원은 직권이나 이해관계인의 신청에 의하여 '필요하다고 인정하는 때' 중지명령을 발할 수 있다. 다만 가압류, 가처분, 강제집행, 경매절차 등의 절차를 중지시키는 경우에는 '채권자에게 손해를 끼칠 염려'가 없어야 한다. '필요하다고 인정하는 때'란 법원이 중지명령으로 당해절차를 중지하지 않고서는 회사정리절차 개시 결정까지 회사재산이 처분되는 등 채권자 간의 불평등이 초래되어 회사의 회생에 장애가 초래될 가능성 등이 있는 경우를 의미한다. 그러나 중지대상의 절차가 개시 결정 이후에 부인권의 대상이 되는가 여부와는 관련이 없다.[35] 또한 '부당한 손해'라 함은 채권자가 긴급히 강제집행 등을 하지 않으면 자신이 도산할 염려가 많은 경우와 같이 중지명령에 의하여 받는 회사의 이익에 비하여 중지명령에 의하여 입는 채권자의 손해가 큰 경우를 말한다.[36]

---

35) 임채홍·백창훈, 앞의 책, 214면.
36) 서울지방법원, 앞의 책, 60면; 條解 會社更生法(上), 332면.

　　또한 국세징수법에 의한 체납처분, 국세징수의 예에 의한 체납처분 또는 조세채무 담보를 위하여 제공된 물건의 처분의 중지를 명하는 경우에는 징수권한을 가진 자의 의견을 들어야 한다.

　　중지명령 중 강제집행, 가압류, 가처분, 경매절차 등에 관해서는 직권 또는 이해관계인의 신청에 의하여 할 수 있으나 체납처분 등에 관한 중지명령은 항상 직권으로 결정한다. 보전처분 또는 회사정리신청을 기각할 것이 분명한 경우에는 중지명령도 발할 수 없는 것으로 보아야 하나 중지명령을 명할 당시에 정리절차 개시에 대한 심증이 있어야 하는 것은 아니다.[37]

3. 중지명령의 대상

가. 파산 및 화의절차

　　파산절차는 청산절차이고 화의 및 회사정리절차는 회생절차로 서로의 절차는 양립할 수 없어 당연히 다른 절차가 중지되어야 한다. 회사정리절차는 법원에 의하여 감독을 받는 소위 법정관리절차이나 화의절차는 임의성이 강한 회생절차로 그 특징을 분류한다면 법원에 의하여 진행되는 회사정리절차가 우선하는 것은 타당하다고 본다. 파산절차 및 화의절차는 파산선고 또는 화의개시 결정의 전후를 불문하며 그 절차의 신청인이 누구인지도 불문한다.[38]

---

37) 임채홍·백창훈, 앞의 책, 214면.
38) 황한식, 앞의 논문, 51면.

나. 강제집행, 가압류, 가처분 등

중지명령은 채권자를 대상으로 채무자의 재산을 보호하기 위하여 발하는 것이나, 채권자가 정리채권자 혹은 정리담보권자인 경우에만 중지명령이 가능하고 환취권에 기한 절차, 공익채권에 근거한 절차는 중지명령의 대상이 아니다. 정리절차 개시 결정의 시기에 따라 공익채권과 정리채권의 한계가 지어지는 '회사 또는 보전관리인이 정리절차 개시 신청 후 그 개시 전에 법원의 허가를 얻어 자금의 차입, 자재의 구입, 기타 회사사업의 계속에 불가결한 행위를 함으로 인하여 생긴 청구권(법 제208조 제12호)인 경우에 집행채권 중의 일부라도 공익채권으로 되는 경우에는 중지명령을 할 수 없다고 보아야 한다.[39]

'회사의 재산에 대하여'라고 하고 있으므로 연대보증인 등 제3자를 대상으로 하는 절차 및 회사의 재산 이외의 것을 대상으로 하는 절차와 회사에 대하여 행하는 절차이지만 인격 활동의 면에 관한 절차인 이사의 직무집행정지 및 그 대행자 선임의 가처분과 같은 절차는 중지명령에 해당하지 않는다.[40]

한편, 중지명령의 대상은 강제집행 등이 정리절차 신청 전후와는 관계없다.

다. 소송절차 등

강제집행, 가압류, 가처분 등과는 달리 소송절차는 재산관계에 관

---

39) 황한식, 앞의 논문, 51면.
40) 임채홍 · 백창훈, 앞의 책, 215면.

련되었다면 환취권 및 공익채권에 관한 소송인가를 묻지 않고 모두 중지명령의 대상으로 본다. 또한 회사가 당사자로 되지 않는 소송인 채권자대위권에 의한 소송, 주주의 대표소송, 사해행위취소소송 등도 중지명령의 대상이 된다.[41] 중지대상의 소송의 범위가 다른 경우 보다 넓은 이유는 정리절차는 채권조사 및 확정의 절차가 있고, 정리계획인가에 따라 채권이 확정되는 절차가 보장되어 있기 때문이다. 또한 재산관계소송으로 행정청에 계속하고 있는 조세관련 처분의 불복사건 및 특허심판사건의 경우에도 중지명령의 대상이 된다.

라. 체납처분 및 조세담보물의 처분

회사의 재산을 보호할 목적으로 채권자에 대하여 하는 중지명령은 국가가 채권자가 되는 조세관련 집행의 경우에도 동일하게 적용된다. '국세징수법에 의한 체납처분'은 관세 기타 특별한 법률에 의하여 규정된 것 이외의 국세가 체납된 경우 세무공무원이 체납자의 재산에 대하여 행하는 조세징수를 위한 강제처분이고, '국세징수의 예에 의한 체납처분'은 각종 지방세의 강제징수 또는 기타 공법상의 금전급부채무의 강제이행에 대하여 국세징수법이 정하는 바에 따라 하는 강제징수행위를 말한다. 또한 '조세채무 담보를 위하여 제공된 물건의 처분'은 조세징수를 위하여 납세자가 제공한 담보물건에 관하여 조세를 납기 내에 완납하지 않았음을 이유로 이를 환가하여 조세에 충당하는 처분을 말한다.

체납처분 등에 대한 중지명령을 하기 위해서는 징수권자의 의견을 청취하여야 하나, 의견의 청취는 단순히 단속규정이므로 의견청

---

41) 條解 會社更生法(上), 335면.

취를 하지 않았거나 반대의견이 있는 경우에도 법원은 중지명령을 할 수 있다.[42]

4. 중지명령의 효력

가. 절차의 중지

중지명령의 대상인 절차는 현재의 상태로 중지하여 더 이상 진행할 수 없다. 중지명령을 위반한 절차진행은 무효이지만 진행한 절차의 효력을 배제하기 위해서는 집행방법에 관한 이의, 즉시항고 등의 방법을 통하여야 한다.

중지명령은 계속 중인 구체적인 절차를 중지하게 할 뿐 새로운 동종절차의 개시 신청을 금지하는 것은 아니므로 신규로 개시된 절차는 새로운 중지명령을 얻어야 절차가 중지된다. 또한 절차의 진행을 금지할 뿐이지 효력을 소급적으로 무효로 하는 것은 아니므로 기존의 절차는 모두 유효한 것으로 보아야 한다.

나. 존속기간

중지명령은 회사정리절차 개시 신청에 대한 결정 시까지 효력이 있으나, 중지명령에 기간이 있는 경우에는 그 기간까지 효력이 있다.[43] 중지명령이 각하 또는 기각된 경우 즉시 중지명령은 효력을

---

42) 條解 會社更生法(上), 336면.

43) 종래 체납처분 등의 중지기간을 2월로 정하였으나, 1998년 개정 시 5월로 연장하였다. 그러나 1999년 법 개정 시 정리절차 신청 이후 1월 이내

잃고 중지된 절차는 계속된다. 기각결정 등에 즉시항고가 있는 경우에는 항고법원이 필요여부를 판단하여 다시 중지명령을 한다(법 제50조 제2항).

개시 결정이 발하여지면 중지명령은 효력을 잃게 되지만 개시 결정 자체의 효력에 의하여 실질적인 중지상태가 계속된다(제67조 제1항). 정리절차 신청이 취하되는 경우에는 중지명령은 당연히 효력을 상실한다.

다. 시효의 불진행

중지명령은 그 대상되는 절차를 소급하여 무효로 하는 제도가 아닌 단순한 중지의 효과만이 인정되는 제도이므로 파산, 화의, 강제집행, 경매, 소송 등에 의하여 중지된 시효의 효력은 중지명령에 의하여 아무런 영향을 받지 않는다. 체납처분 등의 중지기간 중에는 시효가 중지되지 않는다고(법 제37조 제4항) 정하고 있어 이와 같은 규정이 없는 체납처분 이외의 절차를 대상으로 하는 중지명령에 관하여 시효와 관련된 의문이 있을 수 있으나, 이와 같이 규정한 이유는 조세채권 담보를 위하여 제공된 물건의 처분에도 시효 중단의 효력이 있음을 확인하는 것으로 보아야 한다.44)

에 개시 결정을 하도록 하면서 중지기간과 관련한 규정을 삭제하였다.
44) 서울지방법원, 앞의 책, 63면; 임채홍·백창훈, 앞의 책, 220면; 황한식, 앞의 논문, 54면.

5. 가압류, 가처분에 대한 취소

가. 1998년 법개정 취지

회사정리절차 신청 전후하여 회사는 자금사정의 악화로 인하여 채권자들이 회사재산에 대하여 취하는 가압류·가처분 등으로 인하여 영업활동에 제한을 받게 된다. 물론 회사정리절차 개시 결정 이후에는 가압류·가처분이 중지되나[45] 개시 결정 전까지 계속되는 가압류·가처분에 의하여 회사의 유지 및 운영에 심각한 지장을 초래하고, 정리채권자들 간에 형평성을 저해할 가능성도 있다. 또한 회사의 재건을 위하여 가압류를 자제하는 다수의 채권자들에게 피해를 주는 것이기도 하다.

1998년 회사정리법 개정 시 보전처분이 있은 후, 회사의 갱생을 위하여 필요하다고 인정하는 경우 정리절차 신청 이후에 신청된 가압류, 가처분에 대하여 취소할 수 있도록 함으로써 정리절차 신청 이후 개시 결정까지의 기간 동안 회사의 운영이 가능하도록 하였다. 다만, 정리절차가 기각될 경우 가압류채권자 등의 지위를 불안정하게 할 우려가 있기 때문에 취소명령의 대상을 정리절차 개시 신청 후에 행하여진 가압류·가처분으로 제한하였다.

---

45) 가압류, 가처분은 개시 결정에 의하여 중지되고(법 제67조 제1항), 인가 결정에 따라 실효한다(법 제246조 1항).

나. 요건

1) 시기 및 절차

보전처분 또는 보전관리명령이 있은 후에 보전관리인의 신청 또는 직권으로 할 수 있다. 그러나 1999년 회사정리법 개정으로 정리절차 개시 신청 1월 이내에 개시 결정을 하여야 하므로 대부분의 경우에는 관리명령을 내리지 않아 보전관리인이 선임되지 않으므로 보전관리인에 의한 가압류, 가처분의 취소신청은 사실상 의미가 없게 되었다. 그러나 신청권이 없는 회사가 법원의 직권발동을 촉구하는 의미에서 취소신청을 할 수 있고, 법원은 이러한 신청에 기하여 취소를 하면 된다.[46]

2) 갱생을 위하여 필요하다고 인정되는 때

갱생을 위하여 필요한 경우는 가압류, 가처분이 유지될 경우 회사의 운영이 매우 곤란하여 갱생의 목적을 달성할 수 없는 경우를 의미하며, 구체적으로는 여러 사정을 종합하여 판단하여야 한다. 즉, 가압류, 가처분이 취소된 후 개시 결정이 기각될 경우에는 채권자가 손해를 볼 우려가 있으므로 법원은 취소에 신중을 기하여야 한다는 견해가 있으나,[47] 정리절차 신청 이후에 취하여지는 가압류, 가처분은 정리절차 개시 결정이 내려지면 개시 결정의 효력에 의하여 중지되고(법 제67조 제1항), 인가 결정 이후에는 인가 결정의 효력에 의

---

46) 서울지방법원, 앞의 책, 64면.
47) 임채홍 · 백창훈, 앞의 책, 221면.

하여 실효되는 것(법 제246조 제1항)으로 현실적인 이익이 없으면서 회사의 영업에만 방해가 되고, 정리절차 개시 결정 기간이 1월로 단기간인 점을 감안할 때 취소로 인한 피해가 크지 않을 것이다.

3) 대상

회사 및 회사의 채권자와의 균형을 위하여 정리절차 신청 이후에 행해진 가압류, 가처분이 취소의 대상이다. 특히 갱생을 위하여 필요한 경우에 한정되므로 일반 재산에 대한 가압류 및 가처분 보다는 자재, 완재품 등의 유체동산이나 예금채권, 물품대금채권 등이 대상에 해당될 것이다.

다. 효과

가압류·가처분은 취소명령에 의하여 소급적으로 효력을 상실한다. 이 점에서 소급효가 없이 단순히 절차가 중지되는 중지명령과 구분된다. 취소명령에 의하여 효력을 잃은 절차와 관련한 비용은 공익채권으로 정하였다. 절차와 관련한 비용은 가압류채권자의 원래채권을 가리키는 것이 아니라, 가압류·가처분 절차로 인하여 발생한 절차비용 등을 지칭한 것으로 보아야 한다.[48] 그러나 절차비용을 공익채권으로 인정하는 것과 관련하여 합리성이 결여되었다는 비판도 있다.[49] 또한 취소명령 및 기각결정에 대한 불복은 인정되지 않는다.

---

48) 서울지방법원, 앞의 책, 65면; 임채홍·백창훈, 앞의 책, 223면.

49) 김성용, "개정 도산법의 개략적 검토(상·하)", 「법률신문」, 1998. 3. 12일자 및 3. 16일자.

제4절 임시적 권리제한의 문제점 및 개선방안

1. 보전처분과 중지명령의 제도상의 문제

회사정리법상 보전처분 및 중지명령은 이미 언급한 바와 같이 채무자 재산에 대한 채권자의 권리행사를 중지시키고, 채무자의 재산처분권을 금지하는 것을 그 내용으로 한다. 이와 같은 내용적 특징, 보전처분과 중지명령이 정리절차 신청 이후 정리절차 개시 결정 이전에 발하여지는 시간적 특성, 보전처분 및 중지명령을 판단하는 법원의 결정과정에서의 기계적 처리 등으로 인하여 정리절차의 이해관계인 특히 채권자에게는 권리행사를 금지하는 관점에서 정리회사에게는 재산권 행사를 금지하는 측면에서 권리제한으로 인식될 여지가 충분히 있다. 보전처분과 중지명령의 문제점 및 그 개선방안은 이러한 제도가 정리절차의 목적과 관련해서 이해관계인에게 권리제한인지 아닌지를 분명히 할 때에 결론을 내릴 수 있다.

가. 방법과 수단의 문제

현행 보전처분은 정리회사에 대하여 재산의 처분을 금지하는 내용을 주로 하며, 이해관계인의 신청 혹은 법원의 직권에 의하여 개시된다. 그러나 대부분 정리절차는 정리회사가 신청하고 신청과 동시에 보전처분신청서를 제출하고 있다. 따라서 결과적으로 정리회사가 본인의 재산에 대한 처분권 등의 제한을 원하고 있는 것이다. 사정이 이와 같다면 보전처분은 정리회사의 일정한 필요에 부응하는 수단으로 기능하므로 채권자에 대한 권리제한으로 작용할 여지가 크게 된다. 즉 채권자와 정리회사 사이의 관계에서 정리회사에 힘을 실어주게 된다.

그러나 정리절차의 목적은 이해관계인의 이해를 조정하여 기업을 회생하는 데 있고, 보전처분은 정리회사가 회생의 기초로 사용할 재산을 보호하는 점에서 그 타당성을 찾고 있다. 그리고 회생한 기업의 가치분배가 적절하다는 전제하에 기업을 회생시키는 것은 대다수의 채권자의 이익을 증가시키고, 정리절차가 이해관계인을 위하여 존재하는 것이므로 결국 보전처분이 정리회사에 유리한 것이라면 이해관계인 특히 채권자에게도 유리하다고 판단하는 것이 타당하게 된다.

나. 정도의 문제

정리절차가 이해관계인의 이익을 위하여 기능한다고 하더라도, 각각의 입장에 따라 보전처분 및 중지명령을 통하여 받는 제한의 차이는 있기 마련이다. 즉, 일반 채권자보다는 담보권자가 담보권의 실행을 금지당하면서 느끼는 제한의 정도가 큰 것은 당연할 것이다. 이와 관련하여 각 이해관계인 간에 권리의 제한 정도는 적정한가의 문제가 대두될 수 있다.

권리제한의 정도문제와 관련하여 그 적정성이 문제가 되려면, 정리계획을 통하여 최종적으로 인정되는 권리에 보전처분과 중지명령을 통한 왜곡이 있어야 하는 것이나 결국에는 채권자 그룹별로 원래의 권리에 상응하는 권리를 부여받게 되므로 보전처분 및 중지명령을 통한 권리제한의 정도의 문제는 발생하지 않는 것으로 보아야 한다.

다만, 정리계획에 구속을 받지 않는 공익채권자와의 관계에서는 정도의 문제가 발생할 수 있으나, 공익채권의 취지가 절차 비용 및 사회정책적 고려에 의하여 부여된 권리라고 볼 때 이 또한 권리제한의 정도의 문제를 유발하지 않으리라 본다.

다. 소결

보전처분과 중지명령이 채권자와 정리회사 중 누구를 위하여 존재하는가와 관련한 문제에 대한 답은 정리회사와 채권자 모두를 위한 것이라고 해야 할 것이다. 정리회사는 채권추심의 압력 및 사업의 계속을 위하여 신청하게 되지만, 채권자에게는 회생가능한 기업의 회생을 통하여 이익의 증가를 가져오기 때문이다.

이 장의 제목이 이해관계인에 대한 임시적 권리제한으로 시작하였지만 보전처분과 중지명령은 결국 이해관계인을 보호하는 기능을 하는 것으로 결론지을 수 있다. 그렇다면 보전처분 및 중지명령이 이해관계인의 이익을 위하여 잘 기능하고 있는가, 즉 가장 효율적으로 작용하고 있는가의 문제와 관련하여 새로운 판단이 필요하다.

이하에서는 이러한 관점에서 현행 회사정리법의 보전처분 및 중지명령의 문제점을 파악하고 통합도산법(안)에서 채택하고 있는 포괄적금지명령 및 회사의 회생 혹은 도산절차의 공평성과 효율성의 제고를 위하여 일단 회사재산을 보전시키고자 하는 목적[50]과 채권자와 채무자를 보호한다는 관점[51]에서 보전처분과 동일한 제도인

---

50) 김훈, "회사정리절차상 회사재산의 보전조치에 관한 비교법적 고찰", 「해외연구검사연구논문집」 제17집(법무연수원, 2001), 74면.

51) Timothy A. Barne, The Plain Meaning of the Automatic Stay in Bankruptcy: The Void/Voidable Distinction Revisited, 57 Ohio St. L. J. 293, p.293(1996).

미국 연방파산법상의 자동정지제도를 통하여 개선방안을 모색하기로 한다.

2. 현행 권리제한절차상의 문제점

가. 효력범위 및 결정 시기의 차이

보전처분과 중지명령은 정리회사 재산의 일탈을 방지하고, 채권자·채무자를 보호할 목적으로 인정되는 제도이며, 전자는 채무자에 대하여 후자는 채권자를 대상으로 하는 절차이다. 그런데 보전처분은 그 효과 면에서 채무자의 전체의 재산에 대하여 포괄적으로 효력을 미치는 반면에 중지명령은 파산절차, 화의절차, 강제집행, 가압류, 가처분, 경매절차, 소송절차 등에 대하여 개별 건별로 효력을 미치게 된다. 또한 결정 시기에 있어서 보전처분은 신청 이후 14일 이내에 결정하도록 그 시기에 제한을 두고 있으나, 중지명령은 결정기한을 정하지 않고 있다. 이와 같은 차이로 인하여 보전처분 전에 중지명령이 내려지면 채권자가 집행행위를 하지 못하는 반면에 채무자는 재산을 은닉하거나 이해관계인간에 불평등을 초래하는 변제를 할 수 있게 되며, 보전처분이 먼저 된 경우에는 보전처분에 불구하고 채권자의 강제집행, 가압류, 가처분 등이 원칙적으로 가능해 정리회사는 추가적으로 중지명령을 신청해야 하는 불편이 따른다.[52] 보전처분과 중지명령은 목적이 같고, 그 형식이 비슷함에도 불구하고 절차의 시기 및 그 효력범위가 다르게 정하여짐에 따

---

52) 법무법인 세종 · Orrick, Heerrington&Sutcliffe LLP, 「도산제도개혁을 위한 컨설팅 용역 도산법 최종 권고안」(2000), 111면.

라 형평성의 문제가 초래되고 있는 것이다.

나. 정리절차 신청의 취하제한

보전처분은 회생을 목적으로 하는 정리절차의 특성상 채무에 대한 변제금지보전처분이 발하여지고 이 경우 모든 채권에 대하여 변제를 금지하고 있어 채무자가 단순히 채무의 유예를 얻을 목적으로 정리절차를 신청하는 것을 막고, 정리절차와 같은 집단적 채무처리절차가 시작된 이상 그 처분권을 신청권자에게 일임하는 것은 부당하다는 이유로 보전처분이 있은 이후에는 정리절차의 신청취하가 제한된다.[53]

그러나 중지명령의 경우에는 이와 같은 명문의 제한이 없다. 중지명령의 경우에도 채권자의 채무자에 대한 강제집행절차, 담보권실행절차 등을 개별적으로 중지할 수 있어 정리절차 신청회사는 이와 같은 목적으로 정리절차를 신청할 가능성이 있음에도 불구하고 명문으로 정하고 있지 않아 양 절차 간 형평성이 문제가 된다.[54]

다. 구제방법의 차이

보전처분의 효력이 회사의 재산 및 업무전체에 대하여 포괄적으로 미치는 특성으로 인하여, 보전처분에 대한 효력제한 방법은 법원의 허가를 얻어 변제를 하거나, 관리인의 행위에 대하여 법원이 허가하는 방법으로 사후적으로 이루어진다. 그러나 중지명령은 개

---

53) 임채홍·백창훈, 앞의 책, 189면.
54) 임채홍·백창훈, 앞의 책, 199면.

별중지명령 대상사건 별로 법원이 판단하여 결정하며, 특히 중지명령의 대상이 강제집행, 가압류, 가처분, 담보권 실행 등의 절차일 경우에는 '채권자 또는 경매신청인에게 부당한 손해를 미칠 염려가 없을 때'에 한하여 중지명령을 할 수 있다. 즉 채권자 회사에 대한 구제방법으로 보전처분은 사후구제의 방법을 중지명령은 사전구제의 방법을 채택하고 있는 것이다.

사전·사후심사와 관련하여 그 선택기준은 권리침해에 대한 예방을 목적으로 한다면 사전구제가 효율적일 것이고, 보전처분과 중지명령의 신속한 처리를 원한다면 사후구제가 효과적이다. 그렇지만 양 절차의 목적이 동일한 것임에도 불구하고 채권자와 채무자의 구제방법에 따른 차별은 형평의 문제를 유발할 수 있다고 본다.

또한 보전처분은 정리절차의 목적에 비추어 그 효과에 내재적 한계가 있다. 즉 회생을 전제로 하는 정리절차이므로 회사의 정상적인 조업을 위한 영업활동은 보전처분의 효력이 미치지 않는 것[55]으로 보아야 하므로 정상적인 조업과 관련한 판단의 문제가 추가적으로 발생한다.

라. 불복방법의 차이

중지명령과 보전처분은 모두 이해관계인의 신청에 의하여 법원의 결정에 의하여 효력이 발생한다. 그러나 신청에 대하여 법원이 기각결정을 하는 경우 그 불복방법에는 차이가 있다. 정리절차는 절차의 신속한 진행을 위하여 항고에 대하여 회사정리법이 정한 경우에만 인정하고 있으며(법 제11조), 중지명령은 즉시항고(卽時抗告)를 인정하지 않고, 보전처분은 즉시항고를 인정하고 있다(법 제39조 제5항).

---

55) 대법원 1991. 9. 24. 선고 91다14239 판결.

이미 살펴본 바와 같이 중지명령과 보전처분은 그 목적에서는 비슷하나, 행위를 규제하는 대상이 채권자와 정리회사로 구별되는 차이가 있을 뿐이므로 그 불복방법에 차이를 둘 이유가 없다.[56] 이에 대하여 입법론적 해결책을 두어야 한다는 견해도 대두된다.[57] 더욱이 즉시항고가 집행정지의 효력이 없다고 하여도 중지명령 대상 중 강제집행, 가압류, 가처분, 담보권 실행 등의 절차는 '채권자 또는 경매신청인에게 부당한 손해를 미칠 염려가 없을 때'에 한하여 인정됨에도 불구하고 중지명령에 대한 즉시항고를 금지한 것은 사실상 손해를 받는 당사자에게는 소명기회를 보장하지 않는 것이다.

3. 입법론적 개선방안

가. 통합도산법(안)

1) 통합도산법(안)의 임시적 권리제한의 개요

현재 회사정리법을 대체할 입법인 통합도산법(안)에서는 임시적 권리제한으로 보전처분(법안 제44조 제1항, 제3항) 및 중지명령(법안 제45조 제1항)에 포괄적 금지명령(제46조 제1항)을 추가하는 것으로 하였다. 다만 보전처분의 결정 기간을 14일에서 7일 이내로 단축하였고, 그동안 문제되었던 신청취하제한은 보전처분, 보전관리명령, 중지명령 및 포괄적 금지명령이 발하여진 이후 법원의 허가를 받도록 하여 입법적으로 해결(법안 제49조)하였다. 또한 구제방

---

56) 條解 會社更生法(上), 331면.
57) 임채홍·백창훈, 앞의 책, 218면.

법으로 중지명령은 현행법과 동일하게 사후적 구제수단만을 인정하나, 보전처분과 포괄적 금지명령에 대해서는 사전구제방법이 인정되도록 하였다. 이미 언급하였듯이 상기의 제도들은 비슷한 목적을 가지고 있으면서 보전처분과 달리 주로 채권자에게 작용하는 중지명령에 대하여만 사후적 구제수단을 인정한 것은 정리회사와 채권자를 차별할 소지가 있다.

2) 포괄적 금지명령

가) 포괄적 금지명령의 의의

포괄적 금지명령은 법원에 이미 계속되어 있는 절차를 개별적으로 중지하는 중지명령과는 달리, 회생채무자의 모든 재산에 대하여 회생채권을 가진 모든 회생채권자를 대상으로 현재 법원에 계속 중이거나 장래에 제기될 모든 절차까지 금지할 수 있는 것을 말한다.

이러한 포괄적 금지명령제도는 다수의 재산을 가진 회생채무자에 대하여 회생절차 신청 이후 회생절차 개시 결정 이전에 다수의 개별집행이 행하여질 가능성이 있는 경우에 유효하다. 즉, 개별절차가 계속될 때마다 개별적으로 중지명령을 신청하여야 한다면 그 절차가 번잡하게 되어 회생채무자의 사업의 계속 등에 지장을 주고 결과적으로 회생절차가 계속되더라도 그 목적을 충분히 달성하기 어렵기 때문이다.

나) 특징

포괄적 금지명령은 이미 계속되어 있는 절차를 개별적으로 중지하는 중지명령과는 달리, 채무자의 모든 재산을 일률적 대상으로 하는 목적재산의 포괄성, 회생채권을 가진 모든 채권자를 대상으로 하는 채권자의 포괄성, 금지대상이 되는 절차가 회생채권에 기한 강제집행 등의 어느 것에 의한 것인가를 묻지 않는 절차의 포괄성, 이미 계속되어 있는 절차에 한정되지 않고 장래 신청되는 절차를 일률적으로 금지하는 절차신청 시기의 포괄성과 같은 특징을 갖고 있다.[58]

다) 요건

포괄적 금지명령은 회생절차 개시의 신청이 있는 경우에 중지명령에 의하여 회생절차의 목적을 충분히 달성하지 못할 우려가 있다고 인정할 만한 특별한 사정이 있는 때에 이해관계인의 신청 또는 법원의 직권으로 정리절차 개시 결정 시까지 명령을 발할 수 있다(법안 제46조 제1항).

그러나 포괄적 금지명령이 회생채권자의 권리행사를 포괄적으로 금지하는 것임에 반하여 채무자의 재산처분을 허용하면 형평의 원칙에 반하므로 채무자에 대하여 보전처분 또는 보전관리명령이 취하여진 경우이거나 혹은 포괄적 금지명령과 동시에 보전처분 또는 보전관리명령을 행하는 경우에만 가능하다(법안 제46조 제2항).

라) 포괄적 금지명령으로부터의 구제

포괄적 금지명령은 모든 회생채권자에 대한 권리행사를 포괄적으로 금지하는 것을 특징으로 하고 있으므로 포괄적 금지명령이 내려지는 단계에서는 개별채권자에 대한 권리침해 여부를 판단하지 않기 때문에 회생채권자에게 부당한 손해를 끼칠 우려가 있다. 그러나 개별적 중지명령은 회생채권자 및 회생담보권자에게 부당한 손해를 끼칠

---

58) 박승두, 「한국도산법의 선진화 방안」(법률SOS, 2003), 313면.

106

우려가 있는 경우에는 중지명령을 하지 못하도록 하고 있으므로(법안 제45조 제1항) 이와 균형을 맞추기 위하여 포괄적 중지명령에서도 그 효력을 유지하면서 특정 회생채권자에게 권리행사를 인정할 필요성이 있어 포괄적 금지명령의 적용배제를 인정하는 것이다.

포괄적 금지명령의 적용배제의 요건은 회생채권 또는 회생담보권에 기한 강제집행 등의 신청인에게 부당한 손해를 끼칠 우려가 있는 때이다.

'회생채권 또는 회생담보권에 기한 강제집행 등의 신청인인 회생채권자 또는 회생담보권자'란 강제집행 등을 진행하는 것에 대한 구체적인 이해관계를 가지고 있는 회생채권자 등을 의미하는 것이고, 포괄적 금지명령이 발해지기 전에 이미 강제집행 등을 신청한 자와 해제 결정을 받은 다음 새로이 강제집행 등을 신청할 의사를 가지고 있는 회생채권자 등도 포함되는 것으로 본다.[59]

나. 자동정지제도의 개요[60]

1) 의의 및 특징

자동정지(Automatic Stay)란 미국 연방파산법(Bankruptcy Code)에 의한 파산절차의 신청이 있게 되면, 채권자가 파산절차 개시 신청 전에 가지고 있던 채권을 회수 또는 행사하기 위한 개별적인 권리행사가 자동적으로 중지되는 제도이다.[61] 즉 파산신청서의 접수여부와

---

59) 최성근, 「일본의 기업회생절차에 관한 연구」(한국법제연구원, 2000), 37면.

60) 자동정지제도와 관련한 상세는 高木新二郎, 「アメリカ聯邦倒産法」(商事法務研究會, 1996), 59-90:.

관계없이 제출하는 순간 자동적(Automatic and Self-Operating)으로 법원의 어떠한 개입 혹은 판단 없이 효력을 발휘한다.[62] 이러한 의미에서 자동정지는 파산신청의 효과로 볼 수 있다. 자동정지는 개별 채권자의 채무자 재산에 대한 권리행사를 금지함으로써 채권자 간에 형평을 도모하는 한편 다른 종류의 법원의 절차를 정지함으로써 도산법원에 정리절차 등에 관한 권한을 집중시켜 채무자의 회생을 효율적으로 진행하고, 새 출발[63]하는 채무자를 보호하는 데 그 의의가 있다.[64]

자동정지는 자발적, 비자발적 신청과 관계없이 모든 종류의 파산절차의 신청 시에 효력이 발생하며, 그 효력은 파산절차의 신청이 있었음을 알고 있는 자와 모르고 있는 자 모든 실체[65]에게 적용되는 것을 그 특징으로 한다.

2) 정지되는 행위

파산절차 개시 신청 전에 발생한 채권을 회수하기 위하여 계속하고 있던 소송이나, 신규로 소송을 제기하는 것 등은 자동정지에 의하여 정지된다. 정지의 대상에는 민사소송뿐만 아니라 중재절차나

61) In re Godfrey, 102 B. R. 769, 771(bankr. 9th Cir.1989).

62) David G. Epstein/Steve H. Nickles/James J. White, Bankruptcy(West Publishing co., 1993), p.64.

63) 파산법의 가장 중요한 목적 중 하나가 채무자의 새 출발을 돕는 것이다. Thomas H. Jackson, The Fresh-Start Policy in Bankruptcy Law, 98 Harv. L. Rev. 1393(1985).

64) Robert L. Jordan/William D. Warren/Daniel J. Bussel, Bankruptcy (Foundation Press, 1999), p.247.

65) 자연인, 모든 법인, 연방, 주, 외국 정부 및 그 기관 등 모든 권리의 실체를 말한다. Epstein/Nickles/White, op. cit., p.65; Barne, op. cit., p.301.

행정절차도 포함된다. 채무자에 대한 행위의 중지는 파산절차 개시 신청 전에 발생한 채권에 대하여만 적용된다. 절차가 신청된 이후에는 채무자의 새 출발이 시작되므로 신청 이후 발생한 채권에 대해서는 파산재단이 책임을 부담하지 않기 때문이다. 따라서 그러한 채권은 파산법이 아닌 일반적인 채권회수절차에 의할 수 있다.

그리고 파산절차 개시 신청 전에 취득한 판결에 기한 채무자나 재단의 재산에 대하여 강제집행하는 것도 금지된다. 압류(levy, attachment), 채권압류(garnishment)뿐만 아니라 책임재산을 조사하기 위한 보충적인 채무자의 심문(examine) 등의 증거개시절차(discovery)도 금지된다.

또한 재단재산[66]을 점유하기 위한 행위 및 재단의 재산을 지배하기 위한 행위 및 재단재산에 대해 우선특권을 설정하거나, 제3자에 대한 우선특권의 대항요건을 구비하거나 실행하는 행위도 금지된다.

파산절차 개시 신청 당시 무담보채권을 가지고 있던 채권자가 자신의 채권을 담보하기 위해 채무자의 재산에 우선특권을 설정하거나, 우선특권의 제3자에 대한 대항요건을 구비하거나 실행하는 행위는 중지된다. 이는 재단재산과 구별되는 채무자의 재산을 절차 개시 신청 전 채권자의 채권으로부터 보호하기 위한 것이다. 다만, 절차 개시 신청 후에 발생한 채권으로는 채무자의 재산에 대하여 권리를 행사할 수 있다.

채권추심을 위하여 채무자와 접촉하는 등 절차 개시 전에 발생한 채권을 추심하기 위한 일체의 행위가 중지되고, 파산절차 개시 신청 전에 채무자에 대하여 부담한 채무를 수동채권으로 하는 상계는 금지된다. 상계권을 행사하는 것은 불가능하지만, 자동채권 중 파산

---

66) 미국파산법상 재단재산에 대한 상세한 설명은 윤영신, 「미국의 도산법」 (한국법제연구원, 1998), 77면 이하 참조.

절차가 없었다면 상계가 가능했던 금액은 담보채권으로 하여 취급을 받을 수 있으므로 실질적으로 보호된다.

파산절차 개시 신청 이후에는 조세에 관한 결정권이 파산법원에 전속하기 때문에 파산절차 개시 후에 연방조세법원에서 채무자에 대한 조세의 쟁송이 금지되고 계속 중인 절차는 정지된다.

3) 정지되지 않는 행위

자동정지의 대상이 되지 않는 행위는 ① 채무자에 대한 형사소송 ② 부양료, 양육료 등의 청구소송 ③ 소급적으로 효력을 발생하는 우선특권 ④ 정부기관이 경찰 또는 규제기능을 수행하기 위해 제기하는 소송 또는 절차 및 그 판결 중 금전지급 판결을 제외한 판결의 강제집행 ⑤ 국세청이 조세채무를 확정하기 위해 감사하는 것, 세무신고를 할 것을 촉구하는 것 ⑥ 비주거용부동산임대인의 행위 ⑦ 유통증권의 제시 등이다.[67] 정지되지 않는다는 의미는 파산절차 신청에 의하여 당연히 정지되지 않는다는 의미이며, 파산절차의 진행을 위하여 필요한 경우에는 파산법원이 금지명령으로 동항의 행위를 금지할 수 있다.

---

67) Bankruptcy Code §362(b). 미국 연방파산법은 11 U.S.C. 제101조-제1330조를 말하는 것으로 일명 Bankruptcy Code를 말한다. 앞으로 미국 연방파산법 인용 시에는 Bankruptcy Code라 하고, 파산절차에 관한 연방규칙은 제1001조-제9036조가 있다. 절차규칙을 인용할 때는 Bankruptcy Rule라 한다.

4) 자동정지로부터의 구제

자동정지는 파산절차 개시 신청에 의하여 자동적으로 효력이 발생하므로 채권자에게 미치는 영향이 크다. 따라서 자동정지가 부당하게 채권자의 권리를 침해하는 경우에는 자동정지로부터 구제조치가 필요하다. 구제는 통지와 심문절차를 거친 후,[68] 법원이 일정한 경우 이해관계인의 신청에 따라 자동정지를 종료(terminate), 취소(annul), 수정(modify)하거나 조건(condition)을 부가하는 형식으로 이루어진다.

자동정지로부터의 구제(relief from stay) 요건은 자동정지에 의해 영향을 받는 이해관계인이 가지는 재산상의 권리에 관하여 적절한 보호가 결여되었거나(lack of adequate protection),[69] 채무자가 자동정지의 대상인 행위의 목적물에 관한 잉여가치를 가지지 않는 경우, 자동정지의 대상인 행위의 목적물이 채무자의 효과적인 재건(effective reorganization)을 위하여 필요하지 않은 경우이다.[70]

자동정지의 종료로 신청인은 중지되었던 행위를 할 수 있으나, 종료결정 이후에만 효력이 있다. 즉 구제명령 전에 자동정지를 위반한 행위는 유효하지 않다. 그러나 자동정지의 취소는 자동정지의 효과를 소급적으로 유효하게 할 수 있다. 자동정지의 수정은 신청인에게 일정 행위를 허용하지만 신청인이 권리 전부를 실현하는 절

---

68) 자동정지는 파산절차의 신청만으로 신속하게 효과를 발휘하므로 권리 침해가 있는 경에도 신속하게 해제를 할 필요가 있어 연방파산법은 이에 관하여 특별한 절차를 정하고 있다. Bankruptcy Code §150(a).

69) 무담보채권자는 재산상 침해가 없기 때문에 거의 구제의 대상이 되지 않는다. Epstein/Nickles/White, op. cit., p.61.

70) 구제요건 판단은 해당 상황에서 각각 구체적 적정성을 판단한다. Jordan/Warren /Bussel, op. cit., p.287.

차를 진행하도록 할 수 없는 경우에 내려진다. 자동정지에 조건이 부가되면 채무자 또는 파산관재인으로 하여금 일정한 조건을 성취할 것을 전제로 자동정지의 효력이 인정된다.

다. 자동정지제도의 도입가능성

1) 도입부정론

자동정지제도의 도입에 대하여 우리나라는 기업의 분식결산, 경영주의 독단적 행동이 횡행하고 감사 및 금융기관의 감시기능이 미약하며, 회사정리가 신청된 이후 법원이 정리절차 개시 신청을 하는 데 상당한 시일을 소모하게 되므로 그 기간 동안 채무변제를 유예 받기 위하여 회사정리신청이 남용될 우려가 있다는 이유로 부정하는 견해가 있다.[71]

또한 다음 세 가지 논거로 자동정지의 도입대신에 포괄적 금지명령의 도입이 더욱 바람직하다는 견해도 있다.[72] 첫째 보전처분 및 중지명령의 문제점은 회생절차가 채권자들의 집행을 회생절차의 신청과 동시에 포괄적으로 중지하지 아니하기 때문에 발생하는 것이다. 따라서 신청과 동시에 포괄적인 중지명령을 내린다면 채무자가 채권자들을 상대로 개별적인 비용과 노력을 기울이지 않아도 될 것이며, 현재 운용상황도 채무자가 중지명령을 신청할 경우 법원은 거의 대부분 중지명령을 내리고 있는 점을 감안할 때 신청과 동시

---

71) 김재형, "회사정리법, 화의법, 파산법의 개정내용과 장래의 과제", 「한국법학원보」 제78호(한국법학원, 1998), 26면.
72) 법무법인 세종 외, 앞의 보고서, 102-106면.

에 포괄적인 집행중지제도를 채택하는 것이 바람직할 것이다.

둘째 회생절차의 신청과 동시에 채권자의 강제집행, 가압류·가처분 등을 중지시키는 제도를 채택하는 경우 채무자에 대하여도 신청과 동시에 신청 전에 발생한 채권을 임의적으로 변제하는 것을 금지할 필요가 있다. 즉, 채권자 및 채무자 모두에게서 회사재산을 보호할 필요가 있다.

셋째 현행 부정수표단속법으로는 회사정리절차(보전처분 등 포함)로 인하여 부도처리된 경우에 은행이 지급거절사유를 예금부족으로 한 경우에도 처벌대상으로 하지 않고 있다.[73] 따라서 정리절차가 부정수표단속법의 회피를 목적으로 남용될 소지가 있다. 또한 현재와 같은 부정수표단속법 체제하에서 채무자가 부정수표단속법의 처벌을 피할 수 있도록 하는 것은 개인과 주식회사와의 형사처벌에 있어서 형평성을 파괴하여 채무자의 도덕적 해이를 조장할 수 있다. 또한 수표제도 즉, 신용거래에 대한 기반을 해할 수 있다.

2) 도입긍정론

긍정론은 주로 자동정지제도의 효율성, 부정수표단속법 회피수단으로의 이용 및 채권자 이익침해에 대한 반박으로 주창된다. 첫째 자동정지제도의 도입은 회사정리제도의 효율성과 모든 채권자의 이익증대를 위하여 기능한다. 보전처분의 목적이 회생가능성 있는 기업의

---

73) 대법원 1990. 8. 14.선고 90도1317 판결: 부정수표단속법이 부도수표의 발행자를 처벌하는 제도는 담보권이 없는 채권자들이 채무자를 효율적으로 통제하는 수단이 된다. 즉 채무자에 대한 사전정보가 충분하게 전달되지 않은 상황에서 사후적으로 부도수표의 발행자를 처벌하는 것은 부도위기에 처한 채무자의 도덕적 해이를 방지하는 기능을 하기 때문이다. 박승두, 앞의 책, 319-320면.

재산보전과 이를 통하여 기업가치를 증대하는 것이라면 개별적 선별적인 현행의 제도보다는 일괄적으로 처리하는 제도가 보다 효율적일 수 있다. 또한 정리절차 개시 결정 전까지 보전처분 등을 신청할 수 있도록 하고 있어 항시 보전처분이 발하여질 수 있다는 사실은 이에 대한 반증이 될 수 있다. 실무적으로 현행 회사정리법에 의하여 회사정리를 신청하는 회사의 100%가 보전처분과 중지명령을 신청하고 신청한 회사의 100%에 대하여 보전처분과 중지명령이 내려지고 있다.74)

둘째 회사정리제도가 부정수표단속법의 회피를 위한 제도로 남용될 소지가 있다는 주장은 실무관행의 오류에 대한 해결노력의 부재이다. 즉 채무자에 대한 보전처분 등이 있는 경우에 실제로는 예금부족이라는 부도사유가 존재함에도 불구하고 이를 무시하고 법적으로 가해진 지급제한으로 수표를 부도처리함으로써 발생하는 관행상의 문제이다.

부정수표단속법의 목적이 만기에 결제되지 아니할 위험성을 인식하면서도 수표를 발행한 자를 처벌하는 것이라면, 수표를 발행한 자가 만기에 수표를 결제하는 것이 불가능해지자 회사정리절차 개시 신청을 하고 보전처분을 받았다는 사유만으로 처벌을 하지 않는 것은 문제가 있으므로 이에 대한 해결책을 찾는 것이 올바른 해결방안이다.

오히려 도산절차가 일원적으로 운용되는 경우에는 절차의 신청 이후에는 취하가 제한되고 회생절차의 실패는 파산절차로 귀결되므로 자동정지를 운용하여도 그 역기능은 제거되고 순기능만 남게 될 것이다.75)

---

74) 박승두, "통합도산법(안)의 문제점과 개선방안", 「한국산업은행 세미나자료」(한국산업은행, 2003), 38면.

셋째 자동정지제도의 도입이 채권자의 이익을 지나치게 침해할 소지가 있다는 주장은 어느 정도 타당할 수 있다. 그러나 부실기업 정리제도의 기본적 전제 중 하나가 채권자의 본래의 채권이 완벽하게 보장되지 않는다는 점과 개별채권자의 권리행사를 금지하는 취지가 모든 채권자의 이익을 위한 것이라는 점이다. 즉 일정한 권리의 제약을 기반으로 보다 큰 파이를 바라보는 것이 회생제도가 추구하는 제일의 목적이기 때문이다.

넷째 자동정지제도는 채권자의 회생절차 신청에 의하여 비자발적으로 회생절차에 들어온 채무자에 대하여 반박할 시간을 줄 수 있다.[76] 미국에서도 자동정지제도의 가장 큰 특징 중 하나를 채무자에게 채무이행의 독촉을 받지 않도록 여유를 부여하는 것이라고 하고 있다.[77]

3) 소결

정리절차의 신청 이후 적어도 1월의 기간 동안은 정리절차의 개시 결정 및 관리인 선임에 관하여 법원이 고민을 하는 시기이다. 그 기간은 짧지만 사업의 계속을 희망하는 신청회사는 법원의 결정을 학수고대하면서 채권자의 채권회수에 시달리고 있으며, 채권자는 다른 채권자와 경쟁하면서 최대한의 채권을 회수하기 위하여 노력을 기울이는 시기이다.

---

75) 최성근·윤영신, 「도산절차의 일원화에 관한 연구」(한국법제연구원, 1999), 22면.

76) 고동수, 「퇴출장벽 제거를 위한 파산관련제도의 개선방안」(산업연구원, 1998), 91-92면.

77) Jordan/Warren/Bussel, op. cit., p.247.

이와 같은 상반된 입장하에서 향후 기업이 재건의 길에 들어설 때를 대비하여 재건에 사용될 최대한의 재원을 보전할 필요가 있고, 이 때문에 보전처분과 중지명령이 허용되는 것이다. 즉 새 출발을 하려는 채무자를 보호하고, 회생절차를 통해 조금이라도 빠르고 많은 채권을 채권자에게 되돌려주기 위하여 보전처분과 중지명령이 필요하다.

보전처분과 중지명령은 채권자에 대한 권리의 제한이라기보다는 결국 "모든" 채권자를 평등하게 대우하여 보호하기 위하여 존재하는 것이므로 결국 채권자를 보호하는 것으로 보아야 한다. 현재 국회에 제출되어 있는 통합도산법(안)에는 현재와 같은 보전처분, 보전관리명령 및 중지명령에 포괄적 금지명령을 추가하는 것으로 되어 있다.

포괄적 금지명령의 추가는 절차의 효율화를 기하는 데 목적이 있고, 채권자 보호를 위한 구제방법도 적절하게 마련되어 있다고 본다. 아울러 미국 연방파산법상의 자동정지제도 역시 선별적인 채무변제의 중지를 통해 기업가치를 보존하고, 질서 있는 도산절차의 운영을 통해 채권자에게 귀속될 수 있는 경제적 가치를 높이기 때문에 채권자 전반의 관점에서 보아 채권자의 정당한 이익을 침해하기 보다는 보호하는 측면이 더욱 강하다.[78]

결국 양제도가 채권자를 보호하기 위한 제도라면 그 선택의 기준은 효율성과 신속성이 되어야 할 것이다. 미국식 자동정지제도는 파산신청에 의하여 자동적으로 그 효력이 발생하는 데 반하여 회사정리법 및 통합도산법(안)의 보전처분 등은 정리절차 신청 이외에 추가신청이 필요하다. 따라서 신청절차의 편이성 측면에서 본다면

---

78) 남일총, 「도산제도의 경제적 분석」(한국개발연구원, 2001), 148면.

전자가 효율적이고, 그 효과발생이 신속하다고 할 수 있다. 반면 자동정지제도는 법원의 결정 없이 정리절차의 신청에 따라 자동적으로 효력이 발생되는 점에 있어서 법감정에 부합하지 않고, 특히 정리회사의 변제회피를 위하여 악용될 소지가 있다.

이미 언급한 바와 같이 보전처분 등의 신청에 대한 인용결정이 100% 인용되는 점을 감안하고, 통합도산법(안)이 청산절차와 회생절차 모두를 규율하고 있으므로 신속한 정리절차의 진행 및 회생대상 회사와 채권자를 보호하기 위하여 자동정지제도를 채택하는 것이 타당할 것이다. 다만 개별 채권자에 대한 구제방안과 관련된 문제의 처리방법도 유념하여야 할 것이다.

제4장 정리절차 개시 결정에 따른 절차적 권리제한

제1절 서 설

회사정리법은 관련 이해관계인의 이해를 조정하여 회생의 가치가 있는 기업을 회생하도록 하는 데 그 의의가 있고, 이를 위하여 이해관계인을 정리절차에 참여하도록 강제하고 있다. 또한 이해관계인의 정리절차 참여를 강제하는 수단으로 정리절차 개시 결정 이후에는 법원의 허가 없이 채권의 변제를 금지하고, 정리계획에 따른 변제를 받도록 하고 있으며, 정리계획에 포함되지 않은 채권자의 채권은 면책된다.

그러나 신고강제는 권리행사를 채권자에게 강제하는 측면이 있고, 실체법이 인정하는 정당한 권리행사기간인 시효기간을 제한하는 권리제한적인 측면이 강하다. 이에 대하여 헌법재판소는 "……시간과 비용 면에서 큰 부담을 주어 회사정리절차가 순조롭게 진행되는 것을 막을 우려가 있기 때문 …… 제한은 회사정리제도의 목적을 달성하기 위하여 불가피한 것이고 공공의 복리를 위하여 헌법상 허용된 필요하고도 합리적인 제한 ……"이라고 하여 합헌결정을 하였으나,[1] 이것은 채권자에 대하여 회사정리법이 정하는 권리보장

---

[1] 헌법재판소 2002. 10. 31. 선고 2001헌바59 결정.

방안을 모두 지키고 있는 경우에 해당하는 것이지, 현실과 같이 법원이 모든 채권자에게 신고기간에 대하여 알리지 않는 상황에서는 합헌의 근거가 빈약한 감이 있다.

또한 정리절차에서 인정되는 부인권에 의하여 회복되는 상대방의 채권 및 쌍방미이행 쌍무계약의 해제로 인하여 발생하는 상대방의 손해배상청구권은 이미 정리절차에서 신고기간이 도과하여 현행 회사정리법이 정한 추완신고 요건에 부합하지 않는 점에서 채권자에게 실질적인 권리제한이 될 수 있다.

이러한 사실에 기초하여 본 장에서는 먼저 정리절차 개시에 따라 채권자에게 부과되는 신고강제의 상세한 내용과 그 문제점을 살펴보고, 통합도산법(안)에서 제시된 개선내용에 대한 비판과 아울러 개선방안을 제시하고자 한다.

제2절 정리절차 참가방법의 제한

1. 신고절차

가. 정리채권 등 신고

정리절차에 참가하고자 하는 정리채권자 및 정리담보권자는 법원이 정한 신고기간[2] 내에 법정사항을 기재하고 증거서류를 첨부하

---

2) 신고기간은 절차 개시 결정 시에 2주 이상 2월 이내로 정하게 된다(법 제46조 제1호). 1998년 2월 회사정리법 개정 전까지는 2주 이상 4월 이하였는데 정리절차의 신속성을 위하여 단축되었다.

여 법원에 대하여 그 권리를 신고하여야 한다(법 제125조, 제126조). 정리채권인 경우에는 신고서에 성명, 주소, 채권의 내용 및 원인 등을 신고하고 관련 증거서류를 제출하여야 하며, 특히 정리담보권의 경우에는 채무자가 누구이며 피담보채권이 무엇인지를 신고서에 특정하여야 한다. 담보목적물을 특정하지 아니하면 신고로서 유효하지 않아 실권한다는 견해[3]와 채무자를 기재하지 않아 정리담보권의 신고를 인정하지 아니한 판례가 있다.[4]

정리채권의 신고는 정리절차 참가신청의 형식이며, 정리채권자 및 정리담보권자가 채권회수를 위하여 정리절차에 참가하는 유일한 방법이다.[5] 즉 정리회사에 대한 채권자 및 정리담보권자는 권리신고를 함으로써 정리절차상 이해관계인이 되고, 정리채권 및 정리담보권이 확정되면 관계인집회에 출석하여 정리계획안을 심리하고 그 채택을 위한 결의절차에서 의결권을 행사하며, 확정된 정리계획에 의하여 변제를 받을 수 있게 된다.

---

3) 高木新二郎 外, "整理擔保權の申告", 「倒産法實務事典」(社團法人 金融財政事情研究會, 1999), 886면.

4) 서울고법 1999. 6. 18. 선고 99나 405 판결.(대법원 2000. 2. 11. 선고 99다43516 판결, 상고기각확정). 동 판결은 정리회사가 채무자인 담보권과 정리회사가 물상담보로 제공한 담보권(연대보증채무)이 혼재하는 상황이었다. 정리담보권 신고 시 채권자는 채권액은 모두 산정하여 제출하였으나, 물상담보의 채무자인 연대보증인을 기재하지 아니하였다. 법원은 이와 같은 경우 회사정리법 제126조의 규정에 비추어 적법한 정리담보권의 신고가 아니므로 정리담보권으로 볼 수 없다고 판결하였다. 그러나 위 판결에서는 물상담보의 피담보채무를 주 채무에 한정하는 특약이 있었으므로 채권신고의 적부 문제가 아닌 피담보채권의 확정문제로 보아야 하나, 결론은 동일하다. 다만 본 판결의 의미는 법원에서 정리담보권 신고 시 그 판별기준을 보여주는 데 있다고 할 것이다.

5) 박홍우, "정리채권 등의 신고·조사·확정에 있어서의 문제점", 「회사정리법·화의법상의 제 문제」 재판자료 제86집(법원도서관, 2000), 204면.

회사정리법에 부합한 정리채권 등을 보유한 자일지라도 법원이 정한 신고기간 이내에 신고하지 아니하면 정리절차에서 이해관계인으로서 권리행사를 하지 못하고, 종국적으로 정리계획에서 배제되어 권리가 실권된다. 그러므로 정리채권자가 정리회사 직원의 권유로 정리절차 외에서 변제하겠다는 약속을 믿고 정리채권신고를 하지 않은 경우에도 정리회사는 불법행위책임을 부담하지 않게 된다.[6]

정리채권의 귀속과 관련하여 분쟁이 있던 중에 그 당사자중 1인이 정리채권으로 신고하였으나, 나중에 신고를 하지 아니한 다른 당사자가 진정한 권리자임이 판명된 경우에도 신고하지 아니한 진정한 권리자에게 신고의 효력이 인정된다.[7]

정리채권자 및 정리담보권자가 그 권리를 신고하여 정리절차에 참가하게 되면, 신고한 범위 내에서 신고가 각하 또는 취하되기 전까지 시효중단의 효력이 있다. 시효중단의 효력은 정리회사의 채무를 주 채무로 하는 보증채무에도 미친다.[8]

나. 주주의 정리절차 참가

주주는 보유한 주식으로 정리절차에 참가할 수 있으나, 정리절차에 참가하고자 하는 경우에는 정리채권자 등과 동일하게 신고기간 이내에 신고를 하여야 한다(법 제130조 제1항). 신주발행무효의 소가 계속 중인 경우에는 그 내용을 포함하여 신고하여야 하며, 주식을 양수하고 명의개서를 하지 않은 경우에는 명의개서를 하여 주주

---

6) 대법원 1987. 10. 28. 선고 87다카1391 판결.
7) 대법원 2003. 9. 26. 선고 2002다62715 판결.
8) 대법원 1995. 5. 26. 선고 94다13893 판결.

명부에 등재된 이후에 주식의 신고를 하여야 한다.

주주라 할지라도 신고기간 이내에 신고를 하지 아니한 경우에는 정리절차에 참가할 수 없으나, 정리채권자 등과는 달리 절대적으로 실권하는 것이 아니다. 다만 정리절차에서 인정되는 관계인집회 참석 및 정리계획에 대한 의결권만을 제한받게 되고, 정리계획인가 이후에는 인가된 정리계획에서 정한 바와 같이 신고한 주주와 동일한 권리행사가 가능하다.

다. 신고의 변경

1) 다른 정리채권자 등의 이익을 해하는 변경

신고한 정리채권 및 정리담보권은 신고기간 이내에는 아무런 제약 없이 변경하는 것이 가능하다. 그러나 신고기간의 경과 이후에는 다른 정리채권자 및 정리담보권자의 이익을 해하지 않는 범위에서만 변경이 가능하다(법 제127조 제4항). 다만 다른 신고권자의 책임질 수 없는 사유로 인하여 신고기간 이후에 신고하는 경우에는 자유로이 변경이 가능하다.

다른 정리채권자 및 정리담보권자의 이익을 해하는 변경신고는 책임질 수 없는 사유에 기한 변경신고만이 가능하므로 신고권자의 잘못으로 채권을 적게 신고하거나, 임의로 담보목적물의 가액을 과소평가하여 정리담보권을 적게 신고한 경우에는 변경이 허용되지 않는다고 보아야 한다. 변경신고가 인정되는 예는 조건부채권 또는 장래의 구상권으로서 신고한 채권이 신고기간 경과 후에 현실의 채권 또는 청구권으로 변경되는 경우 등이다.

2) 신고명의 변경

신고된 정리채권 및 정리담보권에 대하여 신고명의자의 합병, 상속 또는 신고채권의 양수도가 발생한 경우에는 그 명의변경이 필요하다. 신고명의의 변경은 신고기간의 경과여부와 무관하게 자유롭게 할 수 있다(법 제128조). 신고기간 중에 변경하는 것은 당연한 것이고, 신고기간 경과 후에도 신고한 채권 및 담보권의 총액에 변경이 없는 한, 정리계획을 작성하는 데 지장을 주지 않으므로 당연히 변경이 가능하다. 신고명의의 변경은 정리계획 인가 전까지는 관리인을 통하여 할 수 있으나, 정리계획 인가 이후에는 확정판결의 승계인에 준하여 처리하여야 할 것이다.[9]

2. 신고기간 경과후의 신고

가. 신고기간 이전에 발생한 채권

정리채권자 등의 채권에 대한 권리변경 및 실권은 정리계획의 인가와 함께 발생하지만 사실상 정리계획의 대상은 정리채권 등의 신고를 한 자이므로 실질적으로 정리채권 신고기간의 만료와 함께 채권신고를 하지 못한 자의 권리는 소멸한다고 해석하여야 한다. 그러나 이와 같이 채권자의 권리를 제한하는 것이 너무 가혹하기 때문에 정리채권자뿐만 아니라 그 소송대리인 및 대리인의 보조인[10] 등의 그 '책임질 수 없는 사유'로 인하여 법원이 정한 채권신고 기

---

9) 박홍우, 앞의 논문, 232면.
10) 대법원 1999. 6. 11. 선고 99다9622 판결.

간이내에 신고를 하지 못한 경우에 추가로 신고를 할 수 있도록 하고 있다(법 제127조 제1항).

책임질 수 없는 사유라 함은 일반적으로 천재지변 등을 말하나, 실무에서는 민사소송법의 추완항소(동법 제173조)의 요건보다 넓게 해석하고 있다.[11] 이와 관련하여 대법원은 채권자가 회사정리절차 개시 결정 전 정리회사를 상대로 제기한 소송에서 승소판결을 받고 그 판결을 채무명의로 한 채권압류 및 추심명령을 받아 배당절차에 참가하여 배당을 기다리던 중 회사정리절차 개시 결정을 이유로 채권압류 및 추심명령이 취소되자 비로소 정리채권의 신고를 한 경우에도 추완신고(追完申告)를 인정한 예가 있다.[12] 그러나 정리담보권을 신고하면서 제3채무자를 기재하지 아니한 것은 신고방식의 흠결이나 신고 내용의 하자가 아닌 신고 여부 자체에 대한 흠결로 보아 그에 대한 보정은 후순위정리담보권자나 정리채권자들과 같은 다른 이해관계인들의 이익을 해하는 변경에 해당하므로 추완신고를 허용하지 않은 경우도 있다.[13]

추완신고가 접수되면 이를 바로 각하하지 말고, 조사절차를 거쳐 다른 이해관계인의 이의가 없다면 추완신고의 하자(瑕疵)는 치유되는 것이므로 추완신고는 적법하게 된다.[14]

추완신고는 사유 종료 이후 1월을 한도로 제2회 관계인집회 이전에 하여야 한다. 그리고 제2회 관계인집회 이후에는 신고를 지체한 데 정당한 이유가 있다고 하여도 추완신고가 절대 불가하다. 왜냐

---

11) 서울지방법원,「회사정리실무」(서울지방법원, 2001), 201-202면.
12) 대법원 1999. 11. 17. 선고 99그53 판결.
13) 서울고법 1999. 6. 18. 선고 99나405 판결(대법원 2000. 2. 11. 선고 99다43516 판결. 상고기각확정).
14) 대법원 1999. 7. 26. 선고 99마2081 판결.

하면 관계인집회에서 정리계획안의 심리가 종료된 후 정리채권 또는 정리담보권의 총액이 증가되는 추완신고를 인정하면 작성된 정리계획안을 다시 수정해야 되고, 결국 정리계획안에 대하여 관계인집회의 심리 없이 수정된 정리계획안에 대한 결의를 하게 되어 불합리한 결과가 발생하기 때문이다.[15] 그리고 정리계획안의 심리를 위한 제2회 관계인집회와 정리계획안에 대한 결의를 위한 제3회 관계인집회가 병합되어 개최되는 것이 통상적이지만, 정리계획안이 부결되어 정리계획안의 수정을 위하여 속행기일이 지정된 경우에는 정리계획안의 심리가 종료하지 않은 것으로 보아야 한다.[16] 또한 추완신고는 정리절차 내에서만 허용되는 것이고 별도의 정리담보권 확정의 소송으로 그 추완을 구할 수는 없다.[17]

나. 신고기간 이후에 발생한 채권

1) 부인권 행사에 따라 회복된 채권

부인권(否認權)의 목적은 회사재산을 부인의 대상이 되는 행위 이전의 상태로 원상회복시키는 데 있으므로 회사의 행위가 부인된 경우에 회사의 급부에 대하여 한 상대방의 반대이행은 회사재산으로부터 반환되어야 한다. 다만 상대방에게 반환하여야 할 급부가 회사재산에 어떠한 형태로 잔존하는 가에 따라 상대방의 지위가 달라진다. 첫째 반환대상 급부가 회사재산에 현존하고 있는 경우에는

---

15) 三ケ月章 等, 條解 會社更生法(中), 弘文堂(2001), 338면.

16) 박홍우, 앞의 논문, 227-228면.

17) 대법원 2000. 2. 11. 선고 99다43516 판결.

상대방은 환취권을 행사할 수 있고(법 제88조 제1항), 둘째 반환대상 급부가 현존하지 아니하나 그 이익이 현존하는 경우에는 그 이익의 한도 내에서 공익채권자가 된다(법 제88조 제1항). 그리고 반대급부의 가액이 현존하는 이익보다 크다면 그 차액 및 반대급부가 회사재산에 현존하지 않고, 그로 인한 이익조차 현존하지 아니한 경우[18]에는 상대방은 그 가액의 상환에 관하여 정리채권자가 된다(법 제88조 제2항).

현행 회사정리법에 의할 경우 부인권행사로 인하여 부활한 채권은 부활한 시점으로부터 1월 이내에 제2회 관계인 집회가 종료하기 전까지 신고를 하여야 한다(법 제127조 제1항 내지 제2항). 그러나 부인권은 정리절차 개시 이후 2년 대상행위 시점으로부터 10년 이내에 행사할 수 있다(법 제92조). 따라서 제2회 관계인 집회의 종료 이후에 부인권이 행사될 수도 있으며 이로 인하여 부활한 채권의 경우 정리절차 참가 여부가 문제될 여지가 있다.

이와 관련하여 신고기간이 종료한 경우에는 부인권의 행사를 제한하여야 한다는 '부인권 행사불가설', 회사정리법의 규정에 불구하고 추완신고를 인정하여야 한다는 '추완신고 허용설', 현행법을 위반한 추완신고의 허용이나, 부인권행사의 금지 대신에 실권된 권리가 실권되지 않았다면 부인 당한 채권자가 정리계획에 따라 인정받았을 권리에 대하여 회사가 부당이득을 취한 것이므로 그 금액만큼 공익채권으로 인정하자는 '공익채권설' 등이 주장되고 있다.

이에 대하여 대법원은 "정리회사의 관리인이 정리계획안 심리를 위한 관계인집회가 끝난 이후 부인의 소를 제기함으로써 상대방이 그 부활한 채권을 행사할 수 없게 된 때에는 정리회사가 상대방의

---

18) 급부가 금전인 경우에는 특정성이 없어 항상 이익이 현존하지 않는 것으로 보아야 한다. 임채홍·백창훈, 앞의 책, 489면.

손실에 의하여 부당하게 이득을 얻은 것이 되므로 정리회사의 관리인은 이를 정리절차 개시 이후에 발생한 부당이득으로서 회사정리법 제208조 제6호 소정의 공익채권으로 상대방에게 반환할 의무가 있고, 다만 그 경우에 반환하여야 할 부당이득액은 부활한 채권이 정리채권으로서 회사정리절차에 참가하였더라면 정리계획에 의하여 변제받을 수 있는 금액이라고 봄이 상당하므로 그 상대방의 채권과 같은 성질의 채권에 대하여 정리계획에서 인정된 것과 동일한 조건으로 지급할 의무가 있다"고 판시하여 공익채권설을 취하였다.[19]

2) 쌍무계약 해제에 따른 손해배상채권

미이행 쌍무계약에 대하여 관리인이 계약을 해제한 경우에 상대방은 계약해지에 따른 손해배상청구권을 정리채권으로 행사할 수 있다. 원래 정리절차 개시 이후의 원인에 기한 청구권이므로 후순위 정리채권으로 취급되어야 하나, 형평의 견지에서 정리채권으로 인정하게 된 것이다(법 제104조 제1항). 손해배상의 범위는 손해배상에 이르게 된 이유가 실질적으로 정리회사에 있으므로 정리회사의 이행불능으로 보아 신뢰이익(信賴利益) 및 이행이익(履行利益)의 상실까지를 손해배상의 범위에 포함시켜야 한다. 다만 신뢰이익의 배상은 과잉배상금지의 원칙에 비추어 이행이익의 범위를 초과할 수 없다.[20] 구체적으로 이행에 갈음한 손해배상액으로부터 상대방이 자신의 채무를 면하거나 또는 이미 일부 이행한 급부의 반환을 청구함으로써 얻는 이익을 공제한 잔액이 손해배상액이 된다.[21]

---

19) 대법원 2003. 1. 10. 선고 2002다36235 판결.
20) 대법원 2002. 6. 11. 선고 2002다2536 판결.

관리인이 해제권을 선택하여 상대방에게 손해배상청구권이 발생한 경우에 상대방은 신고기간 이내에 손해배상청구권을 신고하여야 정리채권으로 인정받을 수 있다. 그러나 회사정리법은 관리인의 해제권에 대하여 시간적인 제한을 부여하고 있지 않고 있으므로 제2회 관계인 집회가 종료한 이후에 관리인의 해제권 행사로 인하여 손해배상청구권에 대한 정리절차 참여가 원칙적으로 제한될 소지가 있다.

3. 조사 및 확정절차

가. 조사절차

1) 조사의 대상

정리채권 등의 조사는 정리채권 및 정리담보권의 신고가 종료된 이후 정리채권 및 정리담보권의 존부·내용·의결권액·우선권 있는 정리채권 또는 후순위 정리채권 등에 대하여 관리인 기타 이해관계인에게 이의를 진술할 기회를 주어 그 권리와 의결권액을 확정, 검토하는 과정이다.

조사절차는 법원이 진행하나 관계인집회를 구성하는 이해관계인들에게 맡겨져 서로 간에 이의의 유무에 대하여 확인하는 절차이다. 이의가 없으면 조사절차는 종료하고, 이의가 있는 경우에는 확정소송을 통하여 확정하여야 한다. 조사 기일은 정리채권 및 정리담보권을 조사하기 위하여 정하여진 일시를 말하며 그 성질은 재판

---

21) 임채홍·백창훈, 앞의 책, 359면.

상 기일의 일종으로 보아야 한다.[22]

조사의 대상은 신고된 각 정리채권 및 정리담보권에 관한 내용으로 정리채권자 및 정리담보권자의 성명과 주소, 채권의 내용과 그 원인,[23] 우선권 있는 채권 또는 후순위채권이 있는 때에는 그 뜻, 담보권의 목적과 그 가액, 회사 이외의 자가 채무자인 경우 그 성명과 주소이다(법 제132조). 조사에 따른 확정은 신고한 정리채권 등의 주체를 확정하는 것으로 예를 들어 주채권자와 장래의 구상권자가 모두 채권신고를 한 경우, 이의가 없으면 신고한 채권자 모두를 정리절차에서 정리채권자로 취급하여야 한다.

다만 주주의 권리, 국세징수법 또는 국세징수의 예에 의하여 징수하는 것이 가능한 청구권 및 정리절차 개시 전의 벌금, 과료 형사소송비용, 추징금과 과태료는 정리계획에 의하여 권리의 변경을 받지 않고 채권자집회에서 의결권을 부여하지 아니하므로 조사의 대상이 되지 않는다.[24]

---

22) 박홍우, 앞의 논문, 243면.

23) 집행권원의 유무에 따라 이의시 제소의무자가 변경되므로 집행권원의 유무도 조사대상이다. 만약 집행권원이 있음에도 불구하고 집행권원에 관한 내용을 신고하지 않은 자는 관리인이 이의를 제기한 경우 직접 정리채권확정의 소를 제기하여야 한다. 임치용, 「파산법연구」(박영사, 2004), 271면.

24) 국세징수법 또는 국세징수의 예에 의하여 징수하는 것이 가능한 청구권 등은 국가가 그 징수의 대상이고 그에 대한 이의는 관리인만이 회사가 할 수 있는 방법으로 이의를 할 수 있기 때문이다. 대법원 1967. 9. 5. 선고 67다1298 판결.

2) 조사 기일에의 출석과 이의

조사절차에 반드시 참가하여야 하는 자는 관리인이다. 관리인은 조사절차에서 정리채권 및 정리담보권의 유무 및 그 내용 등에 대한 조사내용을 법원에 보고하여야 하고 신고된 정리채권 및 정리담보권에 대한 의견을 진술하여야 한다. 통상 이의는 이의의 대상을 분명히 하기 위해 정리채권 및 정리담보권에 대한 시부인표를 제출하는 것으로 한다. 관리인이 이의를 제기한 경우 이의의 범위 내에서 정리채권 등의 확정이 차단되고 이의 받은 상대방이 제기하는 확정소송에 의하여 신고내용이 확정되어야 한다. 이의의 철회(撤回)는 조사 기일로부터 1월이 경과하기 이전 혹은 소송이 제기된 경우에는 그 소송이 확정되기 이전에 하여야 하며 철회가 있으면 신고내용대로 즉시 확정된다. 다만 추완신고된 채권 중에서 그 요건에 대하여 이의가 있는 경우에는 추완신고 요건을 갖추지 못한 정리채권 등은 즉시 정리채권에서 배제되어 철회의 여지가 없게 된다.[25] 관리인의 이의 철회와 관련한 요건을 회사정리법은 정하고 있지 않다. 실무에서는 회사정리 개시 결정시 관리인이 법원의 허가를 받아야 하는 사항에 이의철회에 관하여 정하고 있으므로 법원의 허가를 득한 이후에 관리인은 이의의 철회를 할 수 있다고 본다.[26]

회사의 대표자는 회사의 정리채권과 정리담보권에 대하여 가장 잘 알고 있는 자로 이해관계인에게 조사의 정보제공을 하는 의무적인 차원 및 회사가 정리채권 또는 정리담보권에 대하여 이의를 하는 경우 정리절차 진행 중에 정리채권 등의 확정에는 영향이 없지만, 정리계획 인가 전에 정리절차가 폐지되거나 정리계획안이 불인가되는 경우

---

25) 박홍우, 앞의 논문, 249면.
26) 서울지방법원, 앞의 책, 224면.

에는 정리채권자표 및 정리담보권자표의 기재내용이 갖는 확정판결과 동일한 효력이 회사에 대하여 저지되는 효과가 있으므로 이의를 할 기회를 제공한다는 권리적인 측면에서 출석하도록 하고 있다.[27] 그러나 대표자가 반드시 출석하여야 하는 것은 아니다.

신고한 정리채권자·정리담보권자는 조사 기일에 출석하여 정리채권 등에 대하여 이의를 할 수 있다. 이의는 조사 기일에 구두로 하여야 하며 기일 외에서 진술하거나 서면으로 진술하는 것은 적법한 이의가 아니다. 조사 기일에 출석할 수 있는 자들은 신고한 정리채권자 등이고 정리채권자·담보권자표의 기재여부와는 관계가 없다. 또한 선행하는 조사 기일에 이의를 받고 확정소송을 제기하지 아니하여 실권한 자는 후행하는 조사 기일에 참석할 수 없다고 보아야 한다.[28] 신고한 정리채권자 및 정리담보권자에게 이의권을 인정하는 이유는 관리인에 의한 조사와 이의가 언제나 적정하게 행사되는 것은 아니므로 이해관계인 상호의 견제관계에 기하여 관리인의 조사, 이의권을 보완하고 동시에 이해관계인의 권리보호를 도모하기 위한 것이다.[29]

나. 정리채권 등의 확정

1) 확정의 의미

신고된 정리채권과 정리담보권은 조사 기일에 이해관계인의 조사를 거쳐 작성된 정리채권자표, 정리담보권자표에 조사내용을 기재

---

27) 條解 會社更生法(中), 641면.
28) 條解 會社更生法(中), 644면.
29) 條解 會社更生法(中), 642면.

함으로써 확정된다. 기재되는 내용은 이의 없이 확정되었다는 사실 또는 이의가 진술된 경우에 이의자 및 이의의 범위이다. 조사절차 이후에 권리확정에 영향이 있는 이의의 철회사실 및 회사가 이의한 사실 등도 기재되어야 한다. 또한 확정되었다는 사실은 이의가 없 었거나, 이의가 진술되었으나 향후 철회, 확정소송의 출소기간의 도 과, 이의자가 채권신고를 취하하였거나 이의자가 신고한 정리채권 등에 대하여 조사 기일에 이의를 받았으나 출소기간이 경과한 경우 및 이의에 대하여 권리확정을 위한 소송을 제기하였으나 패소가 확 정된 경우와 같이 이의자의 자격상실[30] 등으로 인하여 이의가 효 력을 상실하였음을 의미한다.

확정되는 내용은 정리채권자표, 정리담보권자표에 기재되는 정리 채권, 정리담보권의 내용, 의결권의 액, 우선권 있는 정리채권 또는 후순위채권의 여부이고, 이는 조사 기일의 조사사항인 이의의 대상, 정리채권·정리담보권확정소송의 대상과 동일하다. 확정된 정리채 권, 정리담보권의 "액"은 정리계획 작성 시까지의 정리절차 진행과 정에서 이해관계인의 권리행사의 기준이 되고 관계인집회에서의 의 결권행사의 기준이 될 뿐이므로[31] 법은 확정판결과 동일한 효력이 있다고 하지만 정리절차 진행 중에 이를 기초로 강제집행을 할 수 없다(법 제145조). 다만 법 제272조(정리계획인가전의 폐지) 및 제 273조(신청에 의한 폐지) 시에 회사가 조사 기일에 이의를 하지 않 은 경우에 한하여 강제집행을 할 수 있을 뿐이다. 또한 조세 등의 청구권은 정리채권자표 등에 기재됨에도 불구하고 조사, 확정절차 를 거치지 않았으므로 확정판결과 동일한 효력이 부여되지 않는 것 으로 보아야 한다.[32]

---

30) 條解 會社更生法(中), 679면.
31) 임채홍·백창훈, 앞의 책, 620면.

2) 이의 있는 정리채권 등의 확정을 위한 확정소송

가) 확정소송의 대상

정리채권 등 확정소송의 대상은 정리법원에 신고된 채권으로서 채권조사결과 이의가 진술된 것에 한정된다. 이미 서술한 바와 같이 이의는 관리인 또는 다른 정리채권자, 정리담보권자, 주주의 이의에 한정되고, 정리회사의 대표자가 이의를 한 경우에는 본 소송의 대상으로 되지 않는다. 또한 정리법원에 신고 되지 않았거나, 이의가 없는 정리채권 등에 대해서는 확정소송을 제기할 수 없고, 개시 결정 당시에 정리채권 또는 정리담보권을 소송물로 하는 소송이 계속 중 이라면 이행소송인가 확인소송인가 또 회사가 원고인가 피고인가를 불문하고 수계하여야 한다. 수계는 채권조사 기일에 조사된 사항으로 정리채권자표, 정리담보권자표에 기재된 사항에 대한 수계만이 가능하고,[33] 별도의 확정소송을 제기하는 것은 권리보호의 이익이 없으므로 부적법하다.[34] 이의의 여부는 조사기일 이후에 작성되는 정리채권자표, 정리담보권자표에 의하여 확인할 수 있으나, 그 표가 작성 중인 경우에는 채권조사 기일조서의 내용으로 확인하여야 한다.[35]

정리담보권은 그 피담보채권의 존부, 금액뿐만 아니라 담보권의 존부, 금액, 순위도 확정의 대상으로 되고, 정리채권이 금전채권인

---

32) 대법원 2000. 12. 22. 선고 99두 11349 판결.

33) 서울지방법원, 앞의 책, 248-249면.

34) 대법원 1991. 12. 24. 선고 91다22698 판결.

35) 조사 기일에서 채권을 조사한 후 정리채권 등의 이의유무에 대한 기재행위는 재판이 아닌 공증행위이므로 그 방식은 조서작성방식에 따른다. 박홍우, 앞의 논문, 259면.

경우에는 그 채권의 존부와 금액이, 비금전채권인 경우에는 그 급부의 내용이 확정의 대상으로 되며, 정리채권, 정리담보권 모두 의결권액이 독립한 확정의 대상이 된다.[36]

나) 출소기간

정리채권 등의 확정을 위한 소송의 제기와 수계신청은 당해 채권을 조사한 날로부터 1월 이내에 이루어져야 한다. 출소기간 및 수계기간 이내에 제소나 수계신청을 하지 않았을 경우, 그 권리가 실제로 소멸하는 것은 아니지만,[37] 그 권리를 기초로 정리절차에 참가할 수 없게 되고, 기존에 행한 절차상의 행위는 소급적으로 효력을 상실한다.[38] 따라서 출소기간을 도과하여 제소하였거나 수계기간을 경과한 이후에 한 수계신청은 부적법하여 각하하여야 한다.[39] 그러나 정리절차가 정리계획인가 이전에 폐지된 경우에는 권리를 행사할 수 있게 되므로 그 이후에는 통상의 소송을 제기하거나 계속 중인 정리채권 확정의 소를 통상의 소로 변경시킬 수 있다.[40] 그리고 이미 소송이 계속 중임에도 정리채권확정을 위한 소송수계신청을 하지 않고 부적법한 정리채권확정소송을 제기하면서 수계대상인 종전소송을 취하한 경우 그 시점이 정리채권확정의 소송 제기기간 경과 이후라면 새로운 정리채권확정의 소송 제기도 불가능하고, 소취하로 인하여 기존의 부적법한 정리채권확정의 소의 하자가 치유되어 소급하여 적법하게 되는 것도 아니다.[41] 다만, 출소기간

---

36) 임채홍·백창훈, 앞의 책, 623면, 서울지방법원, 앞의 책, 250면.
37) 대법원 1989. 4. 11. 선고 89다카4113 판결.
38) 임채홍·백창훈, 앞의 책, 626면.
39) 대법원 1997. 8. 22. 선고 97다17155 판결.
40) 대법원 1998. 8. 21. 선고 98다20202 판결.

이내에 정리채권 등의 확정의 소가 아닌 이행의 소를 제기하였다가 출소기간이 경과한 이후에 청구취지를 정리채권의 확정을 구하는 내용으로 변경하는 것은 가능하다.[42]

정리절차 개시 결정 이전에 이의 있는 정리채권에 관한 소송이 계속 중이었는데 관리명령에 의하여 보전관리인이 선임되어 소송의 상대방을 정리회사에서 보전관리인으로 수계신청을 한 경우에도 추가로 관리인으로 수계신청을 하여야 한다.[43]

다) 출소책임의 분배

(1) 보통의 정리채권 등에 대한 이의

조사절차에서의 이의로 인하여 확정소송을 제기하는 경우에 당해 정리채권 등이 집행력 있는 집행권원 또는 종국판결을 기초로 한 것이 아닌 때에는 이의를 제기한 자가 관리인인가 또는 다른 이해관계인인가에 따라 출소의무자가 다르게 된다. 즉, 관리인 및 관리인을 포함한 다른 이해관계인이 이의한 경우에는 신고한 채권자에게 출소의무가 있으나, 관리인 이외의 자에 대해서는 이의권 행사에 신중을 기하도록 하기 위하여 이의를 한 자에게 출소의무를 부과한 것이다.[44] 관리인과 다른 이해관계인이 이의를 한 경우에 출소의무자는 관리인 및 이의를 한 이해관계인 모두를 공동피고로 하여 소송을 제기하여야 하며, 일부만을 상대로 제기한 경우의 소는 차후에 나머지 이의자에 대하여 소를 제기하여도 부적법한 것으로

---

41) 대법원 2001. 6. 29. 선고 2001다22765 판결.
42) 대법원 1994. 6. 24. 선고 94다9429 판결.
43) 대법원 2000. 2. 11. 선고 99다52312 판결.
44) 條解 會社更生法(中), 774면.

보아야 한다.[45] 또한 관리인 이외의 자가 수인인 경우에 이미 일부의 이의자가 확정소송을 제기한 경우에 다른 이의자는 공동소송참가에 의하여만 이의를 관철할 수 있고, 별소를 제기할 수 없는 것으로 본다.[46]

이의를 제기하지 않은 이해관계인의 보조참가 가능성에 대해서는 논란이 있으나, 조사절차에서 이의를 제기하지 않은 이해관계인은 이의권을 잃어 신고채권자와 다툴 수 없으므로 부정하여야 할 것이다.[47]

(2) 집행력 있는 집행권원 등이 있는 정리채권 등에 대한 이의

전술한 바와는 달리 집행력 있는 집행권원[48] 또는 종국판결이 있는 정리채권 등에 대한 이의가 진술된 때에는 이의를 진술한 자가 관리인인가 다른 이해관계인 인가를 가리지 않고 항상 이의자 측에 출소책임을 부담하도록 하고 있으며, 이의자가 그 이의를 관철하기 위한 방법은 회사가 할 수 있는 소송절차에 한정된다. 이의자에게 출소책임을 지우는 것은 이미 집행력 있는 집행권원을 가져 원래 회사재산에 대하여 즉시 집행할 수 있으나 하지 아니하고 있는 채권자의 우월적 지위 또는 종국판결이라고 하는 기판력 내지 적어도 권리의 존재에 대한 고도의 추정력을 가지는 재판의 존재를

---

45) 條解 會社更生法(中), 739면; 서울고법 1989. 11. 17. 선고 89나32168, 32178 판결.

46) 條解 會社更生法(中), 776면.

47) 條解 會社更生法(中), 740면.

48) 법 제152조는 '채무명의'라고 적고 있으나, 2002년 1월 26일 법률 제6627호에 의하여 시행된 민사집행법에 의하여 '집행권원'으로 그 명칭이 변경되었다.

136

존중하려는 취지이다. 또한 이의의 관철방법을 회사가 할 수 있는 소송절차에 한정한 것은 정리절차 개시 이전에 신고채권자와 회사 사이에서 형성된 소송상태를 신고채권자와 관리인 내지 이해관계인 간에도 유지하려는 취지이다.[49]

집행력 있는 집행권원이란 "집행력 있는 정본"과 동일한 뜻으로 집행문을 요하는 경우에는 이미 집행문을 받아 바로 집행할 수 있는 것을 말한다. 채권신고시 집행문이 부여되지 않은 공정증서는 집행력 있는 집행권원에 포함되지 않는다는 판례가 있다.[50] 종국판결은 정리채권, 정리담보권인 채권 또는 그것을 담보하는 담보물의 존재에 대한 기판력이 있는 것을 말하며, 확정판결인가 가집행선고 부판결인가 가집행선고 없는 미확정판결인가를 불문한다. 또한 이행판결인가 확정판결인가도 불문한다.[51]

4. 관련문제

가. 부인권의 행사

1) 부인권 인정취지

부인권은 정리절차 개시 전에 회사가 장래에 재건의 기초로 사용될 재산을 염가로 처분하거나 특정인에게 편파적으로 변제 혹은 이전해 버린 행위에 대하여 정리절차 개시 이후에 관리인이 그 행위의 효력

---

49) 條解 會社更生法(中), 681면.
50) 대법원 1990. 2. 27. 선고 89다카14554 판결.
51) 임채홍·백창훈, 앞의 책, 643면.

을 부인하고 감소한 재산을 회복하는 권리를 말한다(법 제78조).

정리절차에서 부인권이 인정되는 근거는 회사의 파탄이라는 재정적 비상시기에 부인대상행위의 상대방이라는 일개인의 이익보다는 정리절차상 이해관계인이라는 더 큰 조직의 이익을 위하여 인정되는 것이고,[52] 부인대상행위로 인하여 회사재산이 감소하게 되므로 일반채권자는 정리계획에 의한 권리변경의 정도가 더욱 크게 되어 양자 간에 불공평이 심화되므로 이러한 불공평을 해소하고 유출된 재산을 회복하여 기업재건을 용이하게 하기 위함이다.[53]

2) 부인권의 성립요건

가) 고의부인

(1) 근거

회사가 정리채권자 또는 정리담보권자를 해할 것을 알고 한 행위는 부인할 수 있다. 다만 이로 인하여 이익을 받을 자가 그 행위 당시 정리채권자 등을 해하게 되는 사실을 알지 못한 때는 예외로 한다(법 제78조 제1항 제1호). 고의부인은 민법상의 채권자 취소권과 그 괘를 같이 한다. 그리고 고의부인에서 보호하고자 하는 대상은 정리채권자 및 정리담보권자뿐만 아니라 주주도 포함되는 것으로 보아야 한다.[54]

---

52) 권혁호, "회사정리법상 부인권에 관한 연구", 동국대학교 박사학위논문(2000), 21면.
53) 임채홍·백창훈, 앞의 책, 449면.
54) 대법원 1999. 3. 26 판결 97다20755.

(2) 객관적 요건

종래 채권자를 해한다는 의미는 총채권자의 공동담보가 되는 회사의 일반재산을 절대적으로 감소시키는 사해행위만이 해당되었으나, 최근 일본에서는 다른 채권자의 만족을 저하시키는 경우까지 포함하는 것으로 해석하고 있다.[55] 구체적인 예로는 회사가 회사재산을 시가보다 현저하게 염가로 처분하는 행위, 회사가 중요한 영업용 고정자산을 매각하거나 양도하여 회사가치를 감소시키는 행위, 회사가 그 소유 재산을 환가하여 소비하기 쉬운 금전으로 바꾸는 행위 등이다.[56]

(3) 주관적 요건

고의부인의 경우 회사의 행위가 채권자를 해할 것을 알고한 행위(사해의사)의 주관적 요건을 필요로 한다. 주관적 요건과 관련하여 정리채권자 등의 공동만족을 해한다는 소극적인 사해의 인식으로 족하다고 보는 인식설과 정리채권자 등에 대한 적극적인 가해의사 내지 의욕까지도 필요하다고 보는 의사설이 있으나, 고의부인의 사해의사에 대한 입증책임이 관리인에게 있으므로 의사설과 같이 해석하면 부인권의 행사가 현저하게 곤란하여지므로 인식설이 타당하다.[57]
다만 수익자가 선의인 경우에는 부인의 대상에서 제외되나 선의의 입증책임은 수익자가 부담한다.

---

55) 권혁호, 앞의 논문, 100-101면 참조.
56) 임채홍·백창훈, 앞의 책, 452면.
57) 권혁호, 앞의 논문, 129면.

나) 위기부인

(1) 근거

회사가 지급의 정지 또는 파산, 화의개시 또는 정리절차 개시의 신청이 있은 후에 한 정리채권 등을 해하는 행위와 담보의 제공 또는 채무의 소멸에 관한 행위는 부인할 수 있다. 다만 수익자가 선의인 경우에는 그러하지 않다(법 제78조 제1항 제2호).

(2) 객관적 요건

담보의 제공행위는 이미 체결된 담보권설정계약에 따라 담보를 설정하여 주는 행위를 포함하고, 채무의 소멸에 관한 행위는 이행기가 도래한 기존의 채무에 대한 변제와 특정채권자와의 사이에 이미 체결된 경개계약 또는 대물변제계약에 따른 경개나 대물변제 등의 행위를 말하는 것이며 이러한 경우에도 회사 위기 시에 이루어진 행위라면 채권자 간에 불평등을 초래하게 되므로 부인의 대상이 된다.[58]

특히 지급정지 등의 때를 정함에 있어 부도유예협약 혹은 워크아웃 등이 지급정지에 해당하는가 하는 문제와 관련하여 대법원은 부도유예협약은 지급정지의 때에 해당하지 않는다고 판단하고 있다.[59]

(3) 주관적 요건

고의부인의 경우 지급정지 등의 때가 객관적으로 표창되고 있으므로 회사의 사해의사는 필요치 않으나, 수익자의 악의에 대하여 관리인이 입증하여야 한다. 다만 고의부인은 정리절차 개시 신청이

---

58) 임채홍 · 백창훈, 앞의 책, 453면.
59) 대법원 2001. 6. 29. 선고 2000다63554 판결.

있는 날로부터 1년 이내에 행한 행위만이 대상이 된다(법 제91조).

다) 의무 없는 행위부인

(1) 근거

회사가 지급의 정지 등이 있은 후 또는 그 전 60일내에 한 담보의 제공 또는 채무의 소멸에 관한 행위로서 회사의 의무에 속하지 아니하거나 그 방법 또는 시기가 회사의 의무에 속하지 않는 행위에 대하여 부인할 수 있다. 다만 채무자가 그 행위 당시 회사가 다른 정리채권자 등과의 평등을 해하게 되는 것을 알고 한 사실을 알지 못한 때나 지급의 정지 등이 있은 후에 그 사실도 알지 못한 때에는 부인할 수 없다(법 제78조 제1항 제3호).

(2) 객관적 요건

의무 없는 행위라 함은 특별한 약정이 없는 데도 회사가 타인의 채무를 변제하거나 담보 제공하는 경우 혹은 변제기한의 유예를 받거나 집행을 면하기 위하여 담보를 제공[60]하는 경우이다. 이에 대하여 대법원은 은행여신거래기본약관에서 정하고 있는 "채무자의 신용변동, 담보가치의 감소, 기타 채권보전상 필요하다고 인정될 상당한 사유가 발생한 경우에는 채무자는 채권자의 청구에 의하여 채권자가 승인하는 담보나 추가담보의 제공 또는 보증인을 세우거나 이를 추가한다는 내용은 채무자에게 일반적·추상적 담보제공의무를 부담시키는 것에 불과하고, 구체적인 담보제공의무를 부담시키는 것은 아니어서[61] 채무자가 이에 불응하여도 채권자는 그의 이

---

60) 서울고법 2000. 6. 23. 선고 99나54624 판결(확정).

행을 소구할 수 없고 단지 약관의 규정 등에 따라 채무에 대한 기한의 이익이 상실되어 바로 채권을 회수할 수 있음에 불과하므로 그 약관 규정에 따른 담보제공"은 회사의 의무에 속하는 행위가 아니라고 판시하였다.[62]

그 방법 및 시기가 회사의 의무에 속하지 않는 다는 것은 고가의 물건으로 대물변제를 하거나 기한 전에 변제를 하는 것을 말한다.[63] 또한 지급의 정지 등이 있기 60일 전에 한 행위로 제한된다. 1999년 회사정리법 개정 전에는 30일이었으나 이를 확대하여 광범위한 부인을 인정하게 된 것이다. 그러나 60일로 확대함에 따라 거래의 안전성을 해치므로 일본의 30일을 고려할 때 지나치게 장기라는 견해[64]와 정리절차 등을 신청하기 6개월 내지 1년 전부터 재정적 압박에 처하는 것이 현실이므로 확대하여야 한다는 견해가 있다.[65]

라) 무상 행위부인

(1) 근거

회사가 지급의 정지 등이 있은 후 또는 그 전 6월내에 한 무상행

---

61) 담보내용에 관하여 구체적인 담보제공약정을 하여 여신이 이루어짐으로써 그 불이행시 소로서 그 이행을 구할 수 있는 경우라면 의무에 속하는 행위가 되어 부인의 대상에서 제외된다. 정대홍, "회사정리법 제78조 제1항 제3호(비본지변제부인)에서 정한 회사의 의무에 속하지 아니하는 담보제공행위의 의미", 「대법원판례해설」 제35호 (법원행정처, 2001), 321면.

62) 대법원 2000. 12. 8. 선고 2000다26067 판결: 일본에서도 동일한 견해를 취하고 있다. 條解 會社更生法(中), 66면.

63) 임채홍・백창훈, 앞의 책, 454면.

64) 박승두, 「한국도산법의 선진화방안」(법률SOS, 2003), 171면.

65) 권혁호, 앞의 논문, 271면.

위와 이와 동시하여야 할 유상행위는 부인할 수 있다(법 제78조 제
1항 제4호). 부인의 대상이 되는 행위가 대가를 수반하지 않아서
정리채권자 등의 이익을 해할 위험성이 현저하므로 회사와 수익자
의 주관적인 사해의사를 고려함이 없이 부인할 수 있는 순객관주의
적 유형이다.[66]

(2) 객관적 요건

무상행위라 함은 회사가 대가를 받지 않고 적극재산을 감소시키
거나, 소극재산 즉 채무를 증가시키는 일체의 행위를 말한다.[67] 예
컨대 증여, 채무면제, 권리의 포기, 시효이익의 포기, 사용대차 등의
법률행위와 청구의 포기와 인낙, 소송상화해와 같은 소송행위 등이
다. 특히 타인의 채무의 보증이 무상부인의 대상이 되는가와 관련
하여 보증계약의 상대방인 수익자 및 제3자로부터 보증행위와 대가
적 관계에 있는 경제적 이익[68]을 얻었다면 그것은 무상행위가 아
니라고 할 것이다. 그리고 구상권은 실질적으로 주 채무자의 채무
를 변제한 보증인이 주 채무자에 대하여 자기의 출연의 반환을 구
하는 권리에 지나지 않아 보증행위 자체에 의하여 받게 되는 대가
로서의 경제적 이익이라고 보기 어렵다.[69]

무상행위와 동일시하여야 할 행위란 상대방이 반대급부로서 출연

---

66) 최주영, "타인의 채무의 보증과 회사정리법 제78조 제1항 제4호의 무
상부인", 「상사판례연구(Ⅴ)」(박영사, 2000), 208면.

67) 대법원 1999. 3. 26. 선고 97다20755 판결.

68) 예컨대 보증료, 맞보증, 보증으로 인하여 주 채무자가 차용하는 돈을
보증인에게 다시 대여하거나 보증인에 대한 채무변제에 사용하기로
한 경우 등이 해당된다.

69) 최주영, 앞의 논문, 211-212면.

한 대가가 너무나 근소하여 경제적으로는 대가로서의 의미가 없는 경우를 말하고, 구체적인 대가는 개개의 사건에서 판단할 수밖에 없다.

3) 부인권행사의 효과

가) 정리회사에 대한 효과

(1) 이익이 현존하는 경우

부인권의 행사는 원칙적으로 회사의 재산을 원상회복시킨다(법 제87조 제1항). 즉 부인권의 행사시에 부인된 행위가 소급(遡及)하여 행위시로부터 무효로 된다. 그러나 원상회복은 관념적인 것이고 목적물에 대한 점유의 회복 내지는 등기 또는 등록을 요하게 된다. 따라서 상대방이 자발적으로 이행하지 않는 경우에는 부인의 소송을 제기하여 집행하여야 한다.

또한 부인권 행사에 대한 효력의 범위와 관련하여 당사자뿐만 아니라 부인권 행사 이전에 발생한 모든 법률행위와 관련한 이해관계 있는 제3자와의 관계에서도 효력이 있다는 절대적 효력설과 부인권 행사 이전에 제3자와의 관계에서 발생한 법률행위에는 효과가 없다는 상대적 효력설로 구분된다. 부인권의 행사는 유효한 행위의 효력을 빼앗는 비상적 수단이므로 그 효력을 최소한으로 제한하는 것이 적절하고 회사재산의 원상회복을 목적으로 하므로 정리회사와 상대방과의 관계에서만 무효로 하면 족하므로 통설[70]인 상대적 효력설이 타당하다.

---

70) 권혁호, 앞의 논문, 233면.

144

(2) 이익이 현존하지 않는 경우

부인의 대상인 행위가 재산권의 이전인 경우나 변제인 경우 그 재산권의 목적이나 급부가 물리적으로 원상회복이 불가능한 경우에는 가액배상(價額賠償)으로 회복을 청구할 수도 있다. 가액배상은 원상회복이 불가능한 경우에만 인정되는 것[71]으로 회사정리법은 가액배상에 대하여 언급하고 있지 않지만 부인의 상대방에게 부인의 대상이 되는 행위에 의하여 취득한 이득 그 자체를 보유하도록 하는 것이 공평에 반하므로 선의의 무상취득자의 현존이득반환의무를 규정한 법 제89조를 유추하여 원상회복에 갈음하여 가액배상을 청구할 수 있다고 해석하는 것이다.[72]

그리고 가액배상의 판단시점과 관련하여서 변론종결시 가액설, 부인권행사시 가액설, 상대방의 매각처분 가액설 등 견해가 나뉘고 있다.[73] 이에 대하여 일본에서는 변론종결시 가액설에서 부인권행사시 가액설[74]로 판례가 변경된 되었다고 한다.[75] 그러나 가액배상은 부인권 행사로 인하여 당연히 발생하는 권리가 아니라 소송상 청구에 의하여야만 주장이 가능하므로 사실심 별론종결 시가 타당하다고 본다.[76]

---

71) 임채홍·백창훈, 앞의 책, 484면.
72) 박성철, "회사정리절차 및 화의절차에 있어서의 부인권", 「회사정리법·화의법상의 제 문제」 재판자료 제86집(법원도서관, 2000), 759면.
73) 각 설에 대한 상세한 설명은 권혁호, 앞의 논문, 242-245면 참조.
74) 부인권 행사시 가액설을 지지하는 견해로는 임채홍·백창훈, 앞의 책, 485면.
75) 박성철, 앞의 논문, 760면.
76) 같은 취지 권혁호, 앞의 논문, 245면.

(3) 무상부인에서의 선의자 보호

무상부인의 경우 상대방의 선의·악의를 묻지 않아 상대방에게 가혹할 수 있다. 따라서 상대방(전득자 포함)이 그 행위 당시 선의이었을 때에는 상대방은 이익이 현존하는 한도에서 상환하면 된다(법 제87조 제2항, 제90조 제2항).

선의요건은 부인대상의 행위를 할 당시에 정리채권자를 해한다는 사실 및 지급정지 등의 사실을 알지 못하였고, 그로부터 얻은 이익을 소비할 당시까지 그와 같은 사실을 알지 못하여야 한다.[77]

나) 상대방에 대한 효과

(1) 반대이행의 반환청구

부인권의 목적은 회사재산을 부인의 대상이 되는 행위 이전의 상태로 원상회복시키는 데 있으므로 회사의 행위가 부인된 경우에 회사의 급부에 대하여 한 상대방의 반대이행은 회사재산으로부터 반환되어야 한다. 따라서 상대방에게 반환하여야 할 급부가 회사재산에 현존하고 있는 경우에는 상대방은 그 반환을 청구할 수 있고(법 제88조 제1항), 상대방은 관리인에 대하여 동시이행의 항변권을 행사할 수 있다. 그러나 상대방에게 반환하여야 할 급부가 현존하지 아니하나 그 반대급부로 인한 이익이 현존하는 경우에는 그 이익의 한도 내에서 공익채권자가 된다(법 제88조 제1항). 다만 반대급부의 가액이 현존하는 이익보다 크다면 그 차액에 대해서는 정리채권자가 된다(법 제88조 제2항).

상대방이한 반대급부가 회사재산에 현존하지 않고, 그로 인한 이

---

77) 박성철, 앞의 논문, 760-761면.

익조차 현존하지 아니한 경우[78]에는 상대방은 그 가액의 상환에 관하여 정리채권자가 된다(법 제88조 제2항).

(2) 상대방 채권의 부활

부인권의 대상이 채무의 이행인 경우에 상대방이 그 받은 이행을 반환하거나 그 가액을 상환한 때에는 상대방의 채권은 부활한다(법 제89조). 상대방에게 선이행의무를 부과한 이유는 상대방의 이행이 확실하지 않은 상태에서 상대방이 정리채권자가 될 수 있기 때문에 이와 같은 난점을 방지하기 위한 것이다.[79]

채권이 부활한다는 의미는 그 채권에 관련된 약정이자, 지연이자 기타 부대하는 청구권 모두가 부활한다는 의미이며, 보증채무의 이행이 부인된 경우에 보증채무 및 그와 관련된 주 채무도 부활한다.

나. 미이행 쌍무계약의 해제권 행사

1) 미이행 쌍무계약의 해제권 인정취지

쌍무계약은 매매, 교환, 임대차, 이자부 소비대차, 고용, 도급, 유상위임, 유상임치, 조합, 화해 등 대부분의 전형계약이 해당되고, 민법상 동시이행의 항변권 및 위험부담을 당사자에게 인정하는 것으로 보아 쌍방이 상호 의존적인 채무를 부담하는 계약이라 정의할 수 있다.

---

78) 급부가 금전인 경우에는 특정성이 없어 항상 이익이 현존하지 않게 된다. 임채홍·백창훈, 앞의 책, 489면.

79) 박성철, 앞의 논문, 763면.

　그러나 쌍방 미이행의 쌍무계약의 일방 당사자에게 정리절차가 개시된 경우, 일방은 자신의 채무를 정상적으로 이행함에도 불구하고 정리절차가 개시된 상대방은 정리계획에 따른 변제를 하게 되어 쌍무계약의 특성이 왜곡되는 문제가 발생한다.

　이와 같은 정리절차의 특성을 감안하여 정리절차의 원활한 진행과 양당사자의 형평을 유지하도록 하고,[80] 상대방의 이익과 정리회사의 갱생목적을 조화[81]시키는 제도가 쌍방이행 쌍무계약에 대한 관리인의 선택권이다. 즉, 일방에게 정리절차가 개시된 경우 관리인에게 계약을 해제할 것인가 상대방 채무의 이행을 청구할 것인가의 선택권을 부여하는 것이다.

2) 적용요건

가) 정리절차 개시 당시에 쌍무계약이 성립할 것

(1) 쌍무계약의 의미

　회사정리법 제103조의 쌍무계약은 "쌍방당사자가 상호 대등한 대가관계에 있는 채무를 부담하는 계약으로서, 쌍방의 채무 사이에는 성립·이행·존속상의 법률적·경제적 견련성을 갖고 있어서 서로 담보로서 기능하는 것"을 말한다.[82] 특히 법률적으로 당연히 대가적 견련관계가 인정되지 않는 것을 당사자의 특약으로 견련관계를 상정한 경우에는 쌍무계약이나 법 제103조의 적용은 없게 된다.[83]

---

80) 대법원 2000. 4. 11. 선고 99다60559 판결.

81) 임채홍, 앞의 책, 351면.

82) 대법원 2000. 4. 11. 선고 99다60559 판결.

(2) 계약의 유효한 성립

계약은 청약에 대응하는 승낙으로 성립하는 것으로 법 제103조에 해당하는 쌍무계약은 정리절차 개시 당시에 유효한 계약이 성립하고 있어야 한다. 즉 정리회사가 승낙의 의사표시가 있기 전에 정리절차가 개시된 경우에는 법 제103조의 적용은 없게 된다.[84] 그러나 반대로 정리회사가 청약을 한 상태에서 정리절차가 개시된 경우에 법 제103조의 적용이 문제될 수 있다. 법 제103조의 취지가 개시 당시 미해결의 법률관계를 해결하려는 것이고 계약성립 후에 쌍방이 이행을 하지 않은 경우이므로 이 경우에도 적용된다는 견해가 있다.[85]

나) 쌍방미이행

관리인이 이행의 선택권을 행사하려면 정리절차 개시 당시에 쌍무계약이 쌍방미이행이어야 한다. 쌍방미이행이라는 의미는 계약의 내용에 따른 완전한 이행이 되지 않았음을 의미한다. 즉 정리회사와 거래상대방 모두 이행을 하지 않은 경우로서 미이행의 정도는 전부불이행 및 일부불이행을 포함하는 것이고,[86] 불이행의 사유를 묻지 않으므로[87] 귀책사유가 있는 경우와 기한 미도래 및 동시이행의 항변권에 기한 경우와 같이 채무자에게 정당한 사유가 있는 경우에도 쌍방이 모두 이행을 완료하지 않은 경우를 포함한다.[88]

---

83) 栂善夫, "會社更生法103條にいう雙務契約の意義", 「判例時報」 No. 1070, 209면.

84) 임채홍·백창훈, 앞의 책, 352면.

85) 條解 會社更生法(中), 294면.

86) 대법원 1994. 1. 11. 선고 92다56865 판결.

87) 대법원 1998. 6. 26. 선고 98다3603 판결.

예컨대 상대방이 '지급을 위하여' 상대방에게 어음을 교부한 경우, 어음이 정상적으로 결제될 때까지는 상환의무를 부담하고 있으므로 미이행 쌍무계약에 해당된다. 특히 문제가 되는 것은 상대방이 정리절차 개시시점에 소유권 이전청구권가등기(담보목적의 가등기가 아닌 경우)가 제103조에 적용을 받는지 여부이다.

대법원은 "회사정리법 제103조 제1항에는 정리회사의 관리인은 정리회사와 상대방이 회사정리절차 개시 당시 아직 그 이행을 완료하지 않은 쌍무 계약에 대해서는 이를 해제할 수 있다고 규정하고 있으나 한편 동법 제58조 제1항의 본문의 반대해석에 의하면 정리절차 개시 전의 등기원인으로 정리절차 개시 전에 부동산등기법 제3조에 의하여 한 가등기는 정리절차의 관계에 있어서 그 효력을 주장할 수 있다고 할 것이고 따라서 위와 같은 가등기권자는 정리회사의 관리인에게 대하여 본등기 청구를 할 수 있다고 보아야 하므로 유효한 가등기가 경료된 부동산에 관한 쌍무계약에 대해서는 회사정리법 제103조의 적용이 배제된다 할 것"이라고 판시하였다. 그러나 형식주의를 채택하는 우리나라 부동산등기법에는 일본과 같은 가등기의 개념이 없으므로 대법원이 취한 견해는 다른 정리채권자에 비하여 가등기권자를 지나치게 보호한다는 견해,[89] 회사정리법 제58조의 입법론에 비추어볼 때 개시 전의 가등기에 기한 본등기청구의 허용은 일종의 예외이고 예외는 가급적 좁게 해석하여야 하는 것이므로 법 제58조의 반대해석을 관철시키기 위하여 법 제103조의 정상적인 해석을 왜곡하는 것은 지나치다는 견해,[90] 법 제58조는

---

88) 임채홍·백창훈, 앞의 책, 353면.

89) 임치용, 「파산법연구」(박영사, 2004), 306면; 임채홍·백창훈, 앞의 책, 355-356면.

90) 임준호, "소유권 이전청구권 보전의 가등기와 쌍방미이행의 쌍무계약

가등기의 순위보전적 효력만을 언급한 것일 뿐 본등기청구권을 보장한 것은 아니며, 법 제103조는 정리회사의 갱생을 도모하려는 입법취지이므로 본등기 자와 가등기 자를 동일하게 취급하는 것은 법의 취지에 반한다는 견해,[91] 등이 있어 다수설은 가등기에 대한 처분을 관리인에게 부여하여야 한다고 하고 있다. 이에 반하여 가등기의 성격, 가등기권리자와 정리회사의 관계를 고려하여 개별적으로 판단하여야 한다는 주장도 있다.[92]

생각건대 가등기는 본등기를 최종적인 목표로 하는 과도적인 절차라는 관점에서 볼 때, 이미 살펴본 바와 같이 가등기는 본등기의 이행을 남긴 미이행절차이므로 쌍방미이행의 범주에 속하게 될 것이고, 가등기에 대하여도 관리인이 해제권을 행사할 수 있다고 보는 것이 타당할 것이다.

3) 제103조 적용의 효과

가) 관리인의 선택권

관리인은 쌍무계약이 법 제103조에 해당하는 경우에 계약의 해제 또는 계약의 이행을 선택할 수 있다. 선택은 관리인의 재량이나 계약의 해제를 선택하는 경우에는 법원의 허가를 얻어야 한다(법 제54조 제4호).[93] 그리고 선택권의 행사는 신의 측에 따라 행사하여

의 해제권", 「상사판례연구(Ⅴ)」(박영사, 2000), 230면.
91) 임병대, "파산절차가 계약관계에 미치는 영향", 「파산법의 제 문제(상)」 재판자료 제82집(법원도서관, 1999), 486-490면.
92) 서경환, "회사정리절차가 계약관계에 미치는 영향", 「회사정리법 · 화의법의 제 문제」(법원도서관, 2000), 650면.
93) 파산법의 경우에는 이행을 청구하는 경우 법원의 허가를 받도록 하고

야 하고,[94] 철회권은 상대방의 법적 안정성을 위하여 인정되지 않는 것으로 보아야 한다.[95]

(1) 이행을 선택한 경우 상대방의 지위

관리인이 이행을 선택한 경우에는 관리인은 그 계약에 관하여 정리절차 개시 당시의 정리회사의 계약상 지위를 승계한다. 계약상의 지위승계란 계약당사자에게 인정되는 동시이행의 항변권, 법정해제권 및 약정해제권 등이 인정된다는 것이다. 다만 상대방의 채권은 정리절차 개시 결정 전의 원인에 기하여 발생한 채권임에도 불구하고 쌍무계약의 특수성과 형평성을 고려하여 정리채권이 아닌 공익채권으로 된다(법 제208조 제7호).

(2) 해제를 선택한 경우 상대방의 지위

관리인이 계약을 해제한 경우에 상대방의 이행 정도에 따라 상대방의 지위가 세분된다. 첫째 전부이행이 없었던 경우에는 상대방은 계약해지에 따른 손해배상청구권을 정리채권으로 행사할 수 있다. 원래 정리절차 개시 이후의 원인에 기한 청구권이므로 후순위 정리채권으로 취급되어야 하나, 형평의 견지에서 정리채권으로 인정하게 된 것이다(법 제104조 제1항). 손해배상의 범위는 손해배상에 이르게 된 이유가 실질적으로 정리회사에 있으므로 정리회사의 이행불능으로 보아 신뢰이익[96] 및 이행이익의 상실까지를 손해배상

있다(파산법 제187조 제9호 참조).

94) 條解 會社更生法(中), 305면.

95) 임채홍·백창훈, 앞의 책, 356면.

96) 다만, 신뢰이익의 배상은 과잉배상금지의 원칙에 비추어 이행이익의

의 범위에 포함시켜야 한다. 구체적으로 이행에 갈음한 손해배상액으로부터 상대방이 자신의 채무를 면하거나 또는 이미 일부 이행한 급부의 반환을 청구함으로써 얻는 이익을 공제한 잔액이 손해배상액이 된다.[97]

둘째 상대방이 일부이행을 한 경우에는 공익채권자로서 원상회복을 청구할 수 있다(법 제104조 제2항). 정리회사가 받은 목적물이 특정물로서 회사재산 중에 원물대로 존재한다면 상대방은 환취권과 손해배상을 선택적으로 행사할 수 있다. 또한 목적물이 타인에게 양도되었거나 멸실한 경우에는 해제당시의 가액 상당액의 지급의 청구할 수 있고, 목적물이 금전인 경우에는 그에 상당하는 법정이자도 청구할 수 있다.

나) 상대방의 최고권

미이행 쌍무계약에 대하여 선택권은 관리인에게 있으나, 상대방의 법적 안전을 위하여 거래 상대방에게는 최고권이 인정된다. 즉 관리인에게 계약의 해제 또는 이행에 관하여 최고할 수 있고, 최고 이후 30일 이내에 확답이 없는 경우에는 해제권을 포기한 것으로 본다(법 제103조 제2항). 다만 30일의 기간은 법원에 의하여 연장될 수 있다.

범위를 초과할 수 없다; 대법원 2002. 6. 11. 선고 2002다2536 판결.
97) 임채홍·백창훈, 앞의 책, 359면.

제3절 정리절차 참가강제의 수단

1. 정리절차 이외의 변제금지

가. 변제금지의 취지

정리절차는 정리채권과 정리담보권에 관하여 정리절차 이외에서 변제를 받을 수 없도록 하고 있다(법 제112조, 제123조 제2항). 그 이유는 정리절차가 신청회사의 재산분배를 목적으로 하지 않고 기업의 회생을 목적으로 하는 절차이기 때문이다. 또한 만약 채무의 변제를 금지하지 않으면 회사의 자산이 감소되어 기업의 회생이 어려울 뿐만 아니라 특정채권자에 대한 변제는 채권자 간 공평을 해할 우려가 있기 때문이다.[98]

나. 채권소멸금지의 원칙

1) 대상채권

정리절차를 통하여 변제를 받아야 하는 채권은 정리채권에 한정된다. 공익채권은 정리절차와 관계없이 수시변제 받을 수 있다(법 제209조 제1항). 공익채권[99]은 발생 원인이 정리절차 수행을 위하

---

98) 임채홍·백창훈, 앞의 책, 533면; 우성만, 앞의 논문, 307면.

99) 임채홍·백창훈, 「회사정리법(하)」(한국사법행정학회, 2002), 77면 이하 참조.

154

여 필요로 하는 비용 및 기업의 회생을 위하여 관리인이 한 행위로 인하여 발생한 비용, 예외적으로 사회정책적 이유 혹은 형평의 관점에서 인정된 채권이다. 따라서 공익채권의 변제는 정리절차 신청 당시의 채권·채무관계의 동결과 관련이 없고, 이해관계인 전원의 공동의 이익이 되거나 사회적으로 유익하여 정리절차와 관계없이 변제하도록 하여도 채권자 간에 공평을 해할 염려는 없다. 또한 정리채권이 피담보채권으로 되는 정리담보권도 당연히 정리절차에 따른 변제만 가능하다.

2) 금지되는 행위

정리절차에서 채무소멸을 위하여 예정된 방법인 정리채권·정리담보권의 신고, 조사, 확정을 거쳐 정리계획에 따른 변제 기타 권리의 만족방법을 제외한 모든 채무소멸행위가 금지된다. 채무소멸행위는 관리인에 의한 변제가 전형적이지만, 그 이외에 채무소멸행위인 대물변제, 갱개, 공탁 등도 해당한다. 다만 채권자가 일방적 의사표시로 하는 면제는 가능하다(법 제112조).

정리담보권에 기한 담보권실행을 위한 경매절차 및 국세징수법에 의한 체납처분, 국세징수의 예에 의한 체납처분 및 조세채무담보를 위하여 제공된 물건의 처분도 불가하다. 다만 조세 등의 청구권에 기한 체납처분이나 담보물건의 처분이 금지, 중지되는 기간은 정리절차 개시 결정일로부터 정리계획인가 또는 정리절차 종료까지의 사이 또는 그 결정을 한 날로부터 1년에 한정된다(법 제67조 제2항). 또한 동산질권자의 질물(質物)에 대한 간이변제충당, 채권질권자의 직접청구, 상사질권자의 유질(流質)의 실행 등도 금지된다.[100]

그러나 회사재산이 아닌 제3자의 재산에 대한 담보권행사까지 금지되는 것은 아니므로 보증인에 대한 권리행사 및 물상보증인에 대한 담보권실행[101]도 가능하고, 정리회사가 물상보증인인 경우에는 주채무자가 정리담보권자에게 정리절차 이외에서의 변제, 기타의 채무소멸행위도 할 수 있다고 본다.

채권의 소멸금지는 제3채무자를 포함한 채무자와 채권자 모두의 행위를 금지하는 것이다. 따라서 정리채권자가 제3채무자에 대하여 압류·추심명령을 얻어 추심 중에 회사정리절차가 개시된 경우에는 제3채무자의 변제 및 추심권자인 채권자의 수령행위 모두가 금지되는 것으로 보아야 한다. 다만 판례는 제3채무자에 대한 추심금청구소송은 가능한 것으로 보고 있다.[102]

3) 금지의 효과

정리채권 변제금지를 위반한 변제행위에 대하여 회사정리법은 명백한 규정을 갖고 있지 않으나 회사가 정리계획에 의하지 아니하고 정리채권자 등에게 특별이익을 주는 행위를 무효로 하는 규정(법 제231조)에 의하여 당연 무효로 보아야 할 것이다.[103] 또한 정리회사의 관리인 대리가 그 임무에 위배하여 임의로 채권자들에게 채무

---

100) 대법원 2003. 2. 28. 선고 2000다50275 판결. 주식 등 유가증권에 대하여 질권을 설정하였을 경우 그 실행방법은 민사집행법에서 정한 집행방법에 의하는 방법, 민법의 권리질권의 실행방법에 의한 방법, 상법의 유질계약에 따른 직접처분이 있다.
101) 대법원 1967. 12. 26. 선고 67마1127 판결; 대법원 1984. 11. 15. 선고 84그75 판결.
102) 대법원 1996. 9. 24. 선고 96다13781 판결.
103) 임채홍·백창훈, 앞의 책, 534면.

156

를 변제함으로써 그들에게 각 그 금액 상당의 재산상 이익을 취득
하게 하여 정리회사, 주주 및 채권자들에게 변제한 채무액 상당의
재산상 손해를 가하였다고 업무상배임죄로 공소 제기된 형사사건에
있어서 대법원은 "회사정리법 제112조에 의하면 정리채권에 관해서
는 동 조항에서 정하는 특수한 경우를 제외하고는 정리절차에 의하
지 아니하고 변제하거나 면제받거나 기타 이를 소멸하게 할 행위
(면제를 제외한다)를 하지 못하도록 규정되어 있어, 위 규정에 위반
하여 한 채무의 변제행위는 무효라 할 것이고"고 판시하여 형사사
건이지만 대법원도 무효로 보고 있다.[104] 그러나 회사정리절차를
통하여 권리행사를 하여야 한다는 의미이지 기존에 정하여진 변제
기에는 영향이 없고 변제기 경과 이후에는 지연손해금약정이 있는
경우 지연손해금을 청구할 수 있다.[105]

개시 결정 전에 이루어진 확정된 강제집행절차는 효력이 상실되
는 것이 아니므로 이미 이루어진 압류 및 추심명령은 별도의 수계
절차나 승계집행문 또는 경정 없이도 제3채무자나 정리회사에 대하
여 효력이 있다.[106]

정리채권 변제금지는 정리절차 개시의 효력으로 인정되는 것이므
로, 정리절차 개시의 영향을 받지 않는 제3자 및 보증인에 대한 채
권자의 권리행사 및 담보권실행절차[107]는 금지되지 않는다. 주된
납세의무자에 대하여 정리절차가 개시되어 진행 중에 있는 경우 제

---

104) 대법원 1980. 10. 14. 선고 80도1597 판결. 우리나라와 동일한 규정을
　　　가지고 있는 일본에서도 변제금지에 위반한 행위는 무효로 본다. 松
　　　田二郎, 會社更生法(有斐閣, 1990), 198면.
105) 대법원 1982. 5. 11. 선고 82누56 판결.
106) 대법원 1996. 9. 24. 선고 96다13781 판결.
107) 대법원 1967. 12. 26. 선고 67마1127 판결; 대법원 1969. 4. 14. 선고
　　　69마153 판결.

2차 납세의무자에 대한 체납처분도 가능하다. 또한 어음소지인이 발행인인 회사에 대한 정리절차에서 그 어음채권을 정리채권으로 신고한 후 조사결과 그 채권이 확정되었더라도, 어음배서인에 대하여 어음금의 지급을 구하는 것이 이중으로 권리를 취득하게 된다고 할 수 없으며 신의칙에도 반하는 것이 아니다.[108]

다. 정리채권에 대한 변제허가

1) 입법상 변천

정리채권에 대한 변제금지는 정리절차의 목적을 달성하기 위한 본질적인 제도로 회사정리법 제정 시부터 조세채권을 제외하고 예외 없이 적용되었다(법 제112조 단서). 그러나 정리회사가 대부분 일정 규모 이상인 현실에서는 중소하청업체의 유동성에 심각한 지장을 초래하여 공익을 위한다는 정리제도에 심각한 비판으로 대두하였다. 이러한 문제의 해결을 위해 1981년 제1차 회사정리법 개정 시 중소기업의 소액채권에 해당하는 경우 조기변제가 가능하도록 하여 중소기업자에 대한 보호요청을 반영하였다(법 제112조의 2 제1항).

개정 이후 정리회사를 주된 거래처로 하지 않는 중소기업자, 다수의 소액채권자가 있는 경우에 정리절차 진행의 효율성을 위하여 소액채권에 대하여 모두 변제를 하고 정리절차를 진행하려는 경우에 소액채권자에 대기업이 포함되어 있는 경우에는 소액임에도 불구하고 전체가 변제허가를 받지 못하는 문제가 대두되었다.[109] 이

---

108) 대법원 1998. 3. 13. 선고 98다1157 판결.
109) 임채홍·백창훈, 앞의 책, 537면.

를 해결하기 위하여 1998년 회사정리법 개정시 정리채권을 변제하지 아니하고는 회사의 갱생에 현저한 지장을 초래할 우려가 있다고 인정되는 경우 법원의 허가를 얻어 그 전부 또는 일부의 변제를 허가할 수 있도록 하여 정리절차의 진행에 장해를 제거하였고, 그 공정성을 담보하기 위하여 관리위원회와 채권자협의회의 의견을 듣도록 하였다(법 제112조의 2 제2항).

2) 변제허가의 요건

가) 중소기업자의 소액채권

정리회사를 주된 거래처로 하는 중소기업자가 정리채권을 변제받지 아니하고는 사업의 계속에 현저한 지장을 초래할 우려가 있는 때에 법원은 정리계획인가 결정 전이라도 보전관리인, 관리인 또는 회사의 신청에 의하여 그 전부 또는 일부의 변제를 허가할 수 있다.

법원의 허가를 위한 요건은 ① 중소기업자 ② 높은 거래의존도[110] ③ 소액채권 ④ 중소기업자가 그 변제를 받지 않으면 사업의 계속에 현저한 지장을 초래할 우려(연쇄 부도의 위험 등의 예견) 등 이다.[111] 중소기업자라고 하여 반드시 중소기업기본법상의 중소기업을 의미하는 것이 아니라 정리회사와 채권자를 고려하여 판단하여야 하는 상대적 개념이다. 거래의존도 및 소액채권에 대한 개념도 절대적인 기준은 없고 상대적으로 법원이 재량에 따라 판단할 수 있는 개념이다. 또한 사업계속이 곤란하게 되는 경우를 판단함에 있어 기준

---

110) 일본의 경우에는 거래의존도가 25% 이상이어야 하고 변제허가가 가능한 액은 정리채권의 40%-50% 정도라고 한다. 서울지방법원, 앞의 책. 76면 주)215 참조.

111) 條解 會社更生法(中), 384면.

시점은 법원이 변제허가의 당부를 판단하는 시점이 될 것이다.

나) 회사의 갱생에 현저한 지장을 초래할 우려가 있는 경우

소액의 정리채권에 대한 변제허가를 통하여 정리절차의 효율성을 높이려 하였지만, 대기업의 소액채권 및 사업수행을 위한 특정채권의 변제가 정리절차의 걸림돌로 작용하게 되었다.112) 사업수행에 대한 현저한 지장의 정도는 법원이 판단하는 재량사항이지만 적어도 사업목적으로 하거나 중요한 수입이 전제된 것이어야 할 것이다. 타채권자와의 형평성 확보를 위하여 관리위원회와 채권자협의회의 의견수렴을 거쳐야 한다.

3) 변제허가의 효과

변제허가는 정리절차 개시 결정의 효과 중 하나인 정리채권소멸금지의 원칙에 구애됨 없이 정리채권자가 정리회사로부터 변제를 받을 수 있음을 의미한다. 다만 변제허가는 정리회사로부터의 임의변제일 뿐 정리회사로부터 변제가 없다고 하여 강제집행 등의 방법으로 추심할 수 있는 권한을 부여하는 것은 아니다. 변제허가에 의할 지라도 현실로 변제가 이루어지기까지 정리채권으로 인정받기 위한 정리채권의 신고, 조사, 확정의 절차를 거쳐야 하고, 정리계획에 그 변제의 방법을 정하여야 한다. 변제허가를 이유로 채권신고를 하지 않으면 정리절차 내에서뿐만 아니라 정리계획에서 배제되

---

112) 예를 들어 국민주택기금을 사용하는 건설업체의 경우에는 기금에 대한 상환 없이는 건설업을 영위하기 곤란하다. 임채홍·백창훈, 앞의 책, 538면.

어 확정적으로 채권이 소멸한다.

변제허가에 의하여 변제가 되면 정리채권은 그 변제된 한도에서 절대적으로 소멸한다.

2. 상계의 제한

가. 상계제한의 취지

상계(相計)는 변제의 한 수단이다. 이미 언급하였듯이 정리절차 개시의 효과로 채무자는 변제를 할 수 없고, 채권자도 변제의 수령을 할 수 없다. 따라서 정리절차 개시 이후에는 상계가 금지되는 것이 회사정리의 원칙에 부합한다. 그러나 회사에 대하여 자신의 채무는 이행하면서 자신의 채권을 행사할 수 없다고 하는 것은 현저하게 불공평할 뿐만 아니라 상계의 담보적 기능도 무시하게 된다. 이에 반하여 상계를 광범위하게 인정하게 되면 회사의 회생을 도모하는 것이 어렵게 되고, 상계에 의하여 소멸하는 채권채무의 범위가 일정시점까지 확정되지 않아 정리계획의 작성 및 그 이후의 절차진행에 지장을 줄 염려가 있기 때문에 일정한 제한이 필요하다.[113]

정리절차에서의 상계권은 어떠한 상계권을 인정할 것인가와 인정된 상계권자에게 정리절차에서 어떠한 지위를 부여할 것인가가 문제된다.[114] 즉 담보적 기능이 인정되는 상계권의 범위(법 제163조)와 그 상계권의 실행문제(법 제162조)이다.

---

113) 임채홍·백창훈, 앞의 책, 540면; 條解 會社更生法(中), 882면.

114) 김동윤, "회사정리절차 및 화의절차에 있어서의 상계의 제한", 「회사정리법·화의법상의 제 문제」 재판자료 제86집(법원도서관, 2000), 567면.

나. 상계의 제한

1) 대상채권에 대한 제한

가) 자동채권에 관한 요건

정리절차에서의 상계는 원칙적으로 채권신고기간 만료 이전에 행사하여야 하므로 자동채권(自動債權) 즉 정리채권과 정리담보권의 변제기가 위 신고기간 만료까지 도래하여야 한다. 왜냐하면 정리채권에 의한 상계이므로 자동채권은 정리절차 개시 이전에 원인이 된 채권에 한정될 것이고, 수동채권(受動債權)도 정리절차 개시 이후에 정리회사가 부담하는 채무는 정리채권과 정리담보권에 대응하는 채권이 아니므로 자동채권과 수동채권은 정리절차 개시 전에 대응하고 있어야 할 것이다. 자동채권이 해제조건부(解除條件附)인 경우에는 상관이 없지만, 정지조건부(停止條件附)이거나 비금전채권일 경우에는 상계가 인정되지 않는다. 정리절차는 청산절차가 아닌 회생절차이기 때문에 파산절차와는 달리 채권을 금전화, 현재화 하지 않고 의결권의 액을 정하기 위한 목적으로 현재액을 산정하기 때문이다.

상계의 대상인 자동채권이 신고기간에 신고된 채권이어야 하는가와 관련하여, 상계는 정리절차에 의한 행위가 아니며, 신고된 채권일지라도 상계로 인하여 소멸하고, 상계가 신고기간 만료 전까지 행하여져야 하므로 채권신고를 하지 아니하여도 정리계획 작성에 지장이 없기 때문에 신고하지 아니한 채권에 의한 상계가 가능하다고 본다.115)

---

115) 條解　會社更生法(中), 883면.

나) 수동채권에 대한 제한

정리채권자 또는 정리담보권자가 회사에 대하여 부담하고 있는 채무, 즉 수동채권에 대해서는 신고기간 만료 시까지 변제기가 도래하지 아니한 경우에 정리채권자, 정리담보권자가 기한의 이익을 사전에 포기함으로써 상계적상(相計適狀)에 이르도록 하여 상계할 수 있다.

다만 정리절차 개시 이후의 차임(借賃) 등을 수동채권으로 하는 상계에 있어서는 당기 및 차기의 것에 한하여 인정된다. 상계를 무제한 허용하면 정리채권자, 정리담보권자에게 완전한 변제를 허용하는 것이 된다. 따라서 다른 채권자와의 형평에 반하며, 정리회사의 회생재산의 충실을 꾀할 수 없기 때문이다. 그러나 보증금을 수수한 경우에는 사실상 보증금을 한도로 차임을 선급(先給) 받은 것과 동일하므로 보증금액까지 상계가 가능하다고 보아야 한다. 다만 상계의 자동채권은 보증금반환청구권이 아니라 정리채권, 정리담보권이어야 한다. 왜냐하면 보증금반환청구권은 임대차계약의 해지 시에 발생함에 반하여 차임은 임대차의 계속을 전제로 하기 때문이다.[116]

2) 상계권 행사의 시기적 제한

정리절차에서 상계권을 행사하기 위해서는 상계적상의 요건을 충족하고 채권신고기간의 만료 이전에 상계의 의사표시를 하여야 한다. 신고기간 이후에 상계의 의사표시를 한 경우에는 이미 상계적상에 있었다 하여도 상계의 효력이 인정되지 않는다.[117] 즉, 상계의

---

116) 條解 會社更生法(中), 884면.
117) 三谷忠之, "會社更生法上の相殺權とその制限", 「判例タイムズ」 제

소급효를 인정하지 않는 것이다.

신고기간 이전에 상계권의 인정 여부는 정리절차 개시 결정시 신고기간을 설정하였으므로 신고기간 이전에는 정리절차 개시의 효력이 발생하기 전이다(법 제46조). 따라서 신고기간 이전의 상계는 정리채권, 정리담보권에 의한 상계가 아닌 보통의 채권에 의한 상계이므로 채권자가 자유로이 상계권을 행사할 수 있다고 본다. 결국 회사정리법상 상계의 제한은 종기에만 해당하는 것으로 보아야 한다.[118]

3) 상계권 행사의 상대방

상계의 의사표시는 관리인에게 하여야 하며,[119] 그 의사표시는 채권신고기간 만료 이전에 관리인에게 도달하여야 한다. 정리채권 등의 신고서에 상계의 뜻을 기재하여 채권신고를 하는 경우에 상계를 인정할 것인가와 관련하여 채권신고는 법원에 하는 것임에 반하여 정리절차 개시로 인하여 회사재산의 관리권이 관리인에게 전속하여 상계의 상대방이 관리인이 되어야 하므로 부정하여야 할 것이다.[120] 다만 정리절차 개시 이후 그 사실을 모르고 상계의 의사표시를 회사에 대하여 한 자는 정리절차 개시 이후 그 사실을 알지 못하고 회사에 대한 변제를 한 경우와 동일하게 취급하는 것이 타

886호, 222면.

118) 條解 會社更生法(中), 887면; 三谷忠之, 앞의 논문, 222면.

119) 정리절차 개시 신청 이후에 보전관리인이 선임된 경우에는 회사재산의 관리권이 보전관리인에게 속하게 되므로 상계의 의사표시를 보전관리인에게 하여야 할 것이다. 條解 會社更生法(中), 889면; 대판 1988. 8. 9. 선고86다카1858 판결.

120) 임채홍·백창훈, 앞의 책, 545면; 條解 會社更生法(中), 888면.

당하므로 상계의 효력이 인정된다고 보아야 한다.

그러나 정리절차 개시를 알고 회사에 대하여 상계의 의사표시를 한 자의 처리와 관련하여 당시의 평가액을 한도로 상계의 효력을 인정할 수 있다는 견해도 있으나,[121] 상계의 효과를 믿고 채권신고를 하지 않아 궁극적으로 면책된 채권자와의 형평을 감안할 때 상계의 효력을 인정할 수 없다고 본다.

정리채권은 정리절차 이외에서 변제가 불가하므로 관리인으로부터의 상계는 허용되지 않는 것이 원칙이다. 그러나 법원의 허가가 있는 경우에는 상계가 가능하다고 보아야 하며,[122] 정리계획의 인가에 의하여 변제방법이 확정된 이후에는 관리인도 상계를 할 수 있다.[123]

다. 상계가 금지되는 유형

1) 정리절차 개시 후에 부담한 채무를 수동채권으로 하는 상계

정리채권자 등이 정리절차 개시 이후에 회사에 대하여 채무를 부담하고 이를 수동채권으로 상계하는 경우, 만약 이를 인정한다면 상계권 행사의 대상인 자동채권이 정리채권이므로 정리절차에 의하지 아니하고 정리회사로부터 변제 또는 대물변제를 받도록 하는 것과 동일한 효과가 있기 때문에 금지하게 된 것이다.[124] 회사에 대한 채무부담이 정리절차 개시 이후라는 입증책임은 상계의 효력을

---

121) 條解 會社更生法(中), 888면.
122) 대법원 1988. 8. 9. 선고 86다카1858 판결.
123) 條解 會社更生法(中), 890면.
124) 條解 會社更生法(中), 892면.

부정하는 관리인이 부담한다. 이와 같은 유형의 예는 ① 정리채권 등이 정리회사로부터 회사재산을 매수하는 등의 방법으로 정리회사에 부담한 채무를 수동채권으로 하는 상계 ② 정리채권자 등이 제3자가 정리회사에 대하여 부담하는 채무를 인수하여 이를 수동채권으로 하는 상계 ③ 정리채권자 등이 정리회사에 대하여 부담하고 있는 정지조건부채권의 조건이 정리절차 개시 이후에 성취된 경우에 그 채무를 수동채권으로 하는 상계 ④ 회사가 한 채무변제를 관리인이 부인한 경우 변제받은 액에 관하여 부담하는 반환채무를 수동채권으로 하는 상계 등이다.[125]

2) 위기시기에 악의로 부담한 채무를 수동채권으로 하는 상계

정리채권자 등이 지급의 정지 또는 파산, 화의개시, 정리절차 신청이 있음을 알면서 회사에 대하여 채무를 부담한 때에 동 채무를 수동채무로 한 상계는 허용되지 않는다. 만약 채권자가 지급의 정지 또는 회사정리절차 신청 이후 회사에 대하여 새로운 채무를 부담하고 이를 수동채권으로 하는 상계를 허용한다면, 채권자 간에 형평의 원칙이 무너지고 보전처분이 내려진 이후에도 채무자가 금융회사와 거래를 할 수 없게 되는 등 회사정리제도의 목적을 달성하기 곤란하게 된다.[126] 이 경우도 상계의 효력을 부인하는 관리인에게 입증책임이 있다.

다만 위와 같은 경우에도 ① 채무부담이 법정의 원인에 의한 것인 경우 ② 정리채권자 등이 지급의 정지 또는 파산, 화의개시, 정

---

125) 상세는 김동윤, 앞의 논문, 589-608면 참조.

126) 임채홍·백창훈, 앞의 논문, 548면; 김동윤, 앞의 논문, 593면.

리절차 개시의 신청이 있는 것을 알기 전에 생긴 원인에 기한 경우 ③ 파산선고, 화의개시 또는 정리절차 개시 시점 중 가장 이른 때보다 1년 이상 전에 발생한 원인에 의한 경우에는 예외적으로 상계가 인정된다.

3) 정리절차 개시 후에 타인의 정리채권 등을 취득한 때

정리회사의 채무자가 타인의 정리채권 등을 정리절차 개시 이후에 저가로 양수받아 이를 자동채권으로 하여 자신의 채무와 상계하는 것은 채무자에게 부당한 이익을 부여하고 회사재산의 증가를 방해하게 된다. 따라서 이러한 경우에는 상계를 허용하지 않고 채무자는 전액을 정리회사에 상환하여야 한다. 정리채권 또는 정리담보권의 취득이 법정원인인 경우도 동일하게 상계가 금지되는 것으로 보아야 한다.[127]

정리채권 및 정리담보권의 취득이 제3자에게 대항요건을 필요로 하는 경우 채권의 취득시점은 당사자 간의 합의는 소급이 가능하기 때문에 대항요건의 구비시점에 정리절차가 개시되었는가로 결정하여야 할 것이다.[128] 정리채권 등의 취득시점에 관한 입증책임은 관리인에게 있다.

4) 위험을 알고 취득한 채권을 자동채권으로 한 상계

회사가 위기 시인 것을 알고 있으면서 회사의 채무자가 정리채권

---

127) 임채홍·백창훈, 앞의 책, 549면; 김동윤, 앞의 논문, 602면.
128) 條解 會社更生法(中), 909면.

또는 정리담보권을 취득하여 이를 자동채권으로 정리회사의 채권을 수동채권으로 하는 상계는 허용되지 않는다. 그 취지는 앞에서 서술한 것과 동일하고, 채권취득 시기 및 알고 있었는지 여부에 대한 입증책임은 관리인이 부담한다. 그러나 회사 또는 보전관리인이 정리절차 신청 이후 정리절차 개시 전에 법원의 허가를 얻은 자금의 차입, 원재료의 구입 기타 회사의 사업의 계속을 위하여 부담한 채무는 공익채권이 되므로 이것을 자동채권으로 하는 상계는 금지되지 않는다.[129] 또한 ① 채권취득이 법정의 원인에 의한 것인 경우 ② 정리채권자 등이 지급의 정지 또는 파산, 화의개시, 정리절차 신청이 있는 것을 알기 전에 생긴 원인에 기한 경우 ③ 파산선고, 화의개시 또는 정리절차 개시 시점 중 가장 이른 때보다 1년 이상 전에 생긴 원인에 의한 경우에는 예외적으로 상계가 인정된다.

제4절 절차적 권리제한의 문제점 및 개선방안

1. 서 언

정리회사의 채권자, 담보권자 및 주주가 회사정리절차에 참여하는 유일한 방법은 신고를 통하여 자신의 존재를 관리인에게 알리고, 조사절차를 통하여 채권을 확정하여야 한다. 이 원칙은 정리채권자가 이미 집행권원을 취득하였는지, 부동산등기부등본에 의하여 객관적으로 담보권의 존재사실이 입증되는지에 좌우되지 않는다.

---

129) 김동윤, 앞의 논문, 604-605면.

즉, 현행법하에서는 채권자가 채권신고기간이내에 혹은 추완신고 할 수 있는 기간 이내에 채권신고를 하도록 절차적으로 제한을 가하고 있다. 심지어 법원이 변제허가를 한 채권일지라도 채권신고기간 내에 신고하지 아니하면 종국적으로 면책처리하고 있다.

현행 회사정리법상 위와 같은 참가방법에 대한 절차적 제한은 정리절차의 효율적인 처리 및 관련 채무의 일괄적 처리를 위하여 필요한 제한이지만 실체법상의 권리를 침해할 소지도 있다. 이하에서는 이러한 절차참여의 강제에 문제점은 없는지 파악하고, 이에 관련한 통합도산법(안)의 관련 내용의 소개와 그 개선방안을 제시하고자 한다.

2. 현행법상 절차적 권리제한의 문제점

가. 신고절차

1) 송달문제

정리절차 개시 결정문의 송달을 관리인, 회사, 알고 있는[130] 정리채권자·정리담보권자·주주, 회사의 채무자 및 회사 재산의 소지자에게 하도록 하고 있음에도 불구하고(법 제47조 제2항), 현재 실무에서는 관리인, 회사, 알고 있는 '주요' 채권자(법원이 알고 있는 채권자를 말함)에게만 송달을 하고 그 이외의 자에 대해서는 송달에 갈음하는 공고결정을 하여 송달을 대신하고 있다. 여기에서 '알

---

130) 임채홍·백창훈, 앞의 책, 279면.

고 있는' 채권자라는 의미는 개시 결정 당시 법원이 장부 기타 자료에 의하여 알 수 있는 자를 말하며, 그 채권액이 확정될 것을 요하지는 않는다. 그러나 채권액에 관하여 분쟁이 있으면서 회사가 객관적인 자료로 채권의 부존재에 대하여 확신하고 있는 경우에는 '알고 있는 채권자'에 해당하지 않는다고 보아야 한다.131)

이와 같이 절차진행의 편의를 위하여 정리절차의 개시에 대하여 송달하는 데 최선을 다하지 않는 법원의 관행132)은 정당한 채권자에 대한 불법적인 권리제한이고,133) 권리가 제한된 채권자에게 납득할 만한 이유가 되지 않는다. 헌법상의 적법절차조항에도 위배될 소지가 있다.134)

2) 정리회사에 대한 부당이득

정리절차 개시 결정은 일정한 요건 충족시 즉, 변제기에 있는 채무의 변제불능 또는 파산원인인 사실이 생길 염려가 있는 때에 해

---

131) 서울지방법원, 앞의 책, 93면.

132) 공고가 있었음을 알지 못하여 신고를 하지 못한 채 실권한 채권자들이 정리계획인가 후에 민원을 제기하는 사례가 많아 가급적 많은 채권자 등에게 송달을 하여 실권하는 일이 없도록 하는 것이 바람직하나, 이와 같이 많은 채권자들에게 송달하는 것은 그 송달비용이 막대하여 절차적인 낭비가 발생할 우려가 있어 서울지방법원은 파악한 채권자에게는 송달을 하고 그 외의 채권자에게는 신청회사가 통지하는 방법을 취하고 있다고 한다. 서울지방법원, 앞의 책, 93면.

133) 미국에서는 법원이 파산절차에서 적절한 송달(timely and adequate notice)을 하지 않은 경우 헌법상 적법절차 조항(due process)을 위배한 것으로 보고 있다. Robert M. Lawless, Realigning the Theory and Practice of Notice in Bankruptcy Cases, 29 Wake Forest L. Rev. 1215, p.1215(1994).

134) 임치용, 앞의 책, 290면 주)117 참조.

당하여야 가능하다(법 제30조). 또한 회사정리법은 회사정리절차 신청의 기각 사유로 회사를 청산할 때의 가치가 회사의 사업을 계속할 때의 가치보다 큰 것이 명백한 경우라고 정하고 있으므로 법원이 회사정리를 신청한 회사의 부채상태를 완벽하게 파악하지 못하고는 정리절차의 개시 또는 기각을 할 수 없을 것이다(법 제38조 제5호). 따라서 법원은 정리회사의 채권·채무관계를 파악하고 있음에도 불구하고 정리계획안의 입안을 위한 채권자의 확정이 필요하다는 절차상의 이유를 근거로 채권신고를 하지 않은 채권자를 실천시키는 것은 정리회사에 부당한 이득을 얻도록 하는 것이다.

3) 민사집행절차와의 형평성

회사정리절차는 관념적 청산절차이고, 민사집행법상 집행절차는 청산절차이다. 현행 집행절차에서도 절차의 신속함과 권리의 빠른 확정을 위하여 배당요구종기[135]까지 권리신고를 한 자만이 동 집행절차에 참가하는 것을 원칙으로 하고 있으나, 압류채권, 선행사건의 배당요구의 종기 전에 이루어진 후행경매의 압류채권, 경매개시 결정이 등기되기 전에 등기된 가압류채권,[136] 경매개시 결정이 등기되기 전에 등기된 저당권, 전세권 등 담보권을 가진 채권자의 채권 중 매각허가로 인하여 그 담보권이 소멸하는 채권의 권리자는 배당

---

135) 배당요구종기는 2002년 7월 민사집행법 시행 시 도입된 제도로 매수 참가를 희망하는 사람이 매수신고 전에 권리의 인수여부를 판단할 수 있고, 법원으로서도 매각기일 전에 무잉여 여부를 판단할 수 있도록 함으로써 매각절차의 불안정을 해소하기 위하여 마련된 제도이다. 법원행정처, 민사집행(Ⅱ)(법원행정처, 2003), 112면.

136) 대법원 1995. 7. 28. 선고 94다57718 판결.

요구 없이도 당연히 배당절차에 참가할 수 있는 것으로 하고 있다
(민사집행법 제91조). 다만 집행법원의 최고에 대하여 배당요구 시
까지 채권신고를 하지 아니하면 등기부등본 등 집행기록에 기재된
증빙에 따라 배당에 참가할 수 있고, 배당절차에서 배제되는 것은
아니다.[137] 즉 알고 있는 채권에 대해서는 그 효력을 인정하는 것
이다. 그러나 정리절차는 법원이 알고 있는 채권에 대하여도 채권
신고를 하지 않은 채권자에 대하여 예외 없이 채권의 실효를 인정
하고 있다.

집단적인 채무의 처리절차가 아니라면 당연히 구제받을 수 있는
정리채권자 및 정리담보권자가 절차의 효율 및 비용의 절감을 목적
으로 진행하는 집단적인 처리절차인 정리절차로 인하여 부당하게
권리가 제한되게 된다. 특히 이미 등기된 정리담보권자의 권리를
실효시키는 타당한 근거가 부족하다.

4) 주주와의 형평성

최초에 부여된 신고기일이 경과하면 정리채권자 및 정리담보권자
는 '책임 없는 사유'가 있는 경우에만 추가신고가 가능함에도 주주
의 경우에는 신고율이 저조한 경우 추가적인 신고기간을 부여할 수
있도록 되어 있다(법 제131조). 오히려 주주는 정리계획에 따른 인
가 결정에 의하여 신고하지 아니한 주주도 신고한 주주의 권리와
동일하게 취급받으므로(법 제244조) 어느 정도 안정된 지위를 점하
고 있음에 반하여 정리채권자 등은 신고기간 이내에 신고하지 못하
는 경우 권리가 확정적으로 소멸하도록 하고 있는 것과 비교할 때,

---

137) 법원행정처, 앞의 책, 117면.

신고기간을 부여함에 있어 회사정리법이 합리적인 근거 없이 주주와 차별을 조장하고 있다.

5) 쌍무계약의 해제권행사에 대한 시간적 제한

현행 회사정리법은 쌍방미이행 쌍무계약의 해제권에 대하여 그 행사에 시간적인 제한을 두지 않았다. 따라서 제2회 관계인집회 이후에 쌍방미이행 쌍무계약의 해제권 행사로 인하여 발생한 정리채권은 그 처리가 곤란하다. 즉 쌍방미이행 쌍무계약에 대하여 관리인이 제2회 관계인집회 이후에 해제권을 행사한 경우 그 손해배상채권은 정리절차에서 배제되게 된다.

나. 조사절차

1) 이의에 대한 형식적 제한

현행 정리절차에서는 신고된 정리채권 등에 대한 확정수단으로 조사 기일에 조사를 통하여 확정하는 방법을 사용하고 있으나, 조사절차는 법원이 행하는 것이 아니라 관련 이해관계인간의 견제에 의하여 조사절차가 진행된다. 또한 조사 기일에 이의를 위하여 반드시 출석을 통한 이의만이 가능하도록 되어 있고, 이해관계인은 자신의 권리에만 관심이 있고 타인의 권리는 관심이 없으며,[138] 특히 관련 이해관계인 수가 많아 실질적으로 조사 기일에 모두 참석하여 조사를

[138) 실제 조사 기일에 이해관계인의 이의는 거의 없다고 한다. 서울지방법원, 앞의 책, 240면.

행할 수 없는 것이 현실이다. 실제로 서울지방법원의 경우 채권신고가 2만 건이 넘은 경우도 있다고 한다.[139] 따라서 조사 기일에 출석하여 이의를 제기하도록 하는 것은 현실적으로 불가능하다.

2) 이의에 대한 실질적 제한

이의가 진술된 채권에 대해서는 확정소송을 통하여 채권을 확정하도록 하고 있으며, 이의의 대상채권이 확정된 종국판결 또는 집행력 있는 집행권원에 기초한 채권인가, 이의를 진술한 자가 관리인인가 다른 이해관계인인가에 따라 제소의무자가 구분되어 있다.

그러나 채권의 확정은 회사와 당해 채권자 간의 문제이다. 만약 다른 이해관계인이 이의를 했다면 이는 전채권자의 공동의 이익을 추구하는 것이지 이의를 제기한 자만을 위한 것이 아니다. 그럼에도 불구하고 이의를 제기한 이해관계인에게 제소의무를 부담토록 한 것은 사실상 이의를 제한하는 것과 차이가 없다. 또한, 조사 기일에 이해관계인의 채권에 대하여 이의를 하지 않고, 조사 기일 이전에 관련내용을 관리인에게 통지하면 관리인은 선량한 관리자의 주의로써 그 직무를 집행하여야 하고 주의의무를 해태한 경우 이해관계인에 대하여 연대책임을 부담하여야 하므로(법 제98조의 4), 이해관계인이 신고한 채권의 존부에 대하여 신뢰성 있는 정보를 제공하면서 이의제기를 종용한다면 이의제기를 회피하지 못할 것이다. 이와 같이 관리인이 이의를 제기하였다면 제소의무자는 이의의 진술을 받은 이해관계인이다. 즉 동일 내용에 대하여 제소의무자가 다르게 되는 사태가 발생할 수 있다.

---

139) 서울지방법원, 앞의 책, 239면.

3. 입법론적 개선방안

가. 통합도산법(안)

통합도산법(안)에서는 절차적 권리제한에 있어 현행 정리절차와 기본골격을 같이 하면서, 채권자 목록을 관리인에게 제출토록 하여 채권신고 대상을 축소하고, 실질적인 조사가 이루어지도록 조사기간제도 및 신속한 채권의 확정을 구하기 위하여 채권조사확정재판제도를 도입하였다.

1) 채권신고의 의제

통합도산법(안)은 현행법과 동일하게 채권신고제도의 골격을 유지하면서, 관리인에게 회생절차 개시 결정일로부터 2주 이상 2월 이내의 신고기간 내에 '회생채권자의 목록, 회생담보권자의 목록과 주주·지분권자의 목록을 작성하여 제출하도록 하고 있으며(법안 제147조 제1항), 제출된 목록에 기재된 채권자는 채권신고가 된 것으로 의제하고 있다(법안 제151조).[140] 통합도산법(안)에서 관리인의 선임원칙이 회생채무자를 관리인으로 선임하는 것을 원칙(법안 제75조 제2항)으로 하고 있으므로 대부분의 경우에는 회생채무자가 관리인으로 선임될 것이고 관리인이 제출하는 목록은 신뢰할 수 있

---

140) 미국 연방파산법도 채무자 또는 관리인이 법원에 제출한 채권자명부 또는 주주명부에 기재된 경우에는 그것이 계쟁 중이거나 조건부 또는 미확정의 경우를 제외하고 신고한 것으로 보고 있다. 高木新二郎, 「アメリカ聯邦倒産法」(商事法務研究會, 1996), 187-188면.

을 것이므로, 대개의 채권자가 채권신고를 하지 않아도 될 것이므로 현행법보다는 채권신고제도가 완화된 것으로 볼 수 있다.

2) 조사기간제도

현행 회사정리법은 조사절차에서 조사기일제도를 채택하여 조사일에 반드시 이의자가 출석하여 구두로 이의를 진술하여야 했다. 반면 통합도산법(안)은 조사기간제도를 채택하여 조사기간 동안 이해관계인으로 하여금 이의에 대한 진술을 서면으로 하면 되는 것으로 하였다(법안 제161조). 다만 추완신고 등으로 인한 특별조사 기일은 현행과 동일한 방법에 의하여 조사절차가 진행한다.

현행 조사기일제도는 다른 채권자에 대한 채권을 충분히 검토할 시간적 여유가 없어 본인의 채권만을 확인하는 형식적인 절차였다는 문제에 대한 해결책으로 조사기간제도를 채택하여 다른 채권자의 신고내용까지 검토할 여유를 부여하였고, 서면으로 이의를 하도록 함으로써 이의의 내용에 대한 명확화를 기하였다.

3) 확정절차의 개선

조사절차에서 이의가 제기된 경우 확정소송에 의하여 채권을 확정하였던 것을 법안은 채권조사확정제도를 통하여 간이하게 확정할 수 있도록 하였다(법안 제170조). 신고된 채권 또는 목록에 기재된 채권에 대하여 관리인, 회생채권자, 회생담보권자, 주주, 지분권자가 이의를 제기하면 이의의 대상채권을 보유한 자는 조사기간 말일 또는 특별조사 기일로부터 1월 이내에 채권조사확정의 재판을 신청하여야 하며, 법원이 이의 채권의 존부 또는 그 내용에 대하여 결정을 한다. 채권조사확정재판의 경우 제소의무자를 이의채권을 보유한 자로 획일적으로 정하여서 다른 이해관계인의 제소부담을 감소시킨 데 그 의의가 있다.

나. 통합도산법상 절차적 권리제한의 문제점

1) 파산절차와의 형평성문제

통합도산법(안)에서는 관리인에게 채권자 목록을 제출하도록 하고, 목록상 채권자에 대해서는 채권신고를 의제하도록 하고 있다. 그러나 관리인이 알고 있는 모든 채권자를 목록에 기재하도록 하는 유인책은 부족하다. 즉 파산절차에서는 파산자가 면책을 얻은 경우라도 파산자가 고의로 채권자명부에 채권자를 등재하지 않고 채권자 역시 파산사실을 알지 못한 경우에 비면책채권으로 하여 채권자를 구제하고 있으나(파산법 제349조 제6호), 회생절차에서는 이와 같은 제한을 두고 있지 않고 있어 관리인이 제출하는 채권목록을 어느 정도 신뢰할 수 있는지 의문이다.

2) 부인권행사에 따른 권리회복과의 형평성문제

신고기간이 도과하고 제2차 관계인집회가 종료된 이후에 부인권이 행사되어 상대방의 권리가 부활한 경우의 처리에 관하여 그간 논란이 되어 왔으나, 통합도산법(안)에서는 추완신고를 가능하도록 규정하였다(법안 제110조 제2항).

정리절차에서 부인권을 인정하는 근거는 채권자 간에 공평을 기하는 제도임에도 불구하고,[141] 부인권 행사의 대상이 되는 비난가능성 있는 일부 채권자는 신고기간을 준수할 의무가 없어지게 되어 신고기간을 지키고, 부인권의 대상이 되는 행위를 하지 않은 선의의 채권자를 오히려 차별하게 되므로 부인권의 존재근거를 해할 우려도 있게 된다.

다. 개선방안

1) 송달 및 신고문제

전술한 정리절차에서 이해관계인에 대한 절차적 권리제한의 문제를 근본적으로 해결하는 방안은 모든 채권자에게 정리절차 개시 결정사실 및 신고기간에 대하여 송달을 하는 것이다. 그러나 이와 같은 방법은 현실적으로 불가능할 수도 있고, 신속한 처리를 요하는 정리절차의 목적에 부합하지 않을 수 있다.[142]

그렇다면 대안으로 현재와 같은 방식의 송달을 하고 추완신고 사유를 폭넓게 인정하는 것이다. 현재 추완신고 사유는 추상적으로 당사자가 책임질 수 없는 사유라고 정하고 있으나, 법원이 송달을 하지 않은 자에 한해서 추완의 사유에 제한을 두지 말고 모두 추완

---

141) 서울지방법원, 앞의 책, 140면.

142) 미국에서도 송달과 관련한 연방파산법, 파산절차규칙 및 판례가 일치하고 있지 않고 있으며, 송달과 적법절차와 관련한 명확한 지침을 주는 판례도 없다고 한다. Lawless, op. cit., p.1217.

신고를 받아 주는 방법도 해결책이 될 것이다.

이와 같이 할 경우 절차의 복잡화를 가져오고, 정리회사의 채무 범위가 확정되지 않아 정리계획의 이행을 불가능하게 할 수 있다는 비난이 있을 수 있다. 그러나 이와 같은 문제는 법원이 모든 채권자에게 정리절차 개시사실을 알리고 정리절차를 운용하여야 하는 기본 전제를 포기한 결과이므로 특별히 문제가 되지 않는다고 본다. 또한 이미 대법원은 부인권이 행사되어 회복된 채권에 대하여 법원이 법 제208조 제6호의 정리회사의 부당이득을 근거로 공익채권으로 인정한 바가 있다. 법원이 제시한 근거는 "부인권을 행사하는 것은 부인의 결과로서 상대방의 채권이 원상회복되더라도 정리회사가 상대방으로부터 받은 이행을 반환 받는 것이 오히려 정리회사에게 이익이 된다는 판단에 의한 것"이라고 하고 있다.[143] 그러나 부인권의 대상이 되는 행위는 대부분 비난가능성이 있는 행위임에 불구하고 공익채권으로 인정하였고, 통합도산법(안)은 추완신고를 할 수 있는 것으로 하고 있으므로 오히려 비난가능성이 없는 일반채권자를 역차별(逆差別)하는 결과를 초래하고 말았다. 이와 같은 모순을 시정하기 위해서라도 송달을 받지 못한 선의의 채권자에 대해서는 추완신고에 제한을 하여서는 안 될 것이다.

2) 미신고 채권의 실권 배제

파산법 및 미국 연방파산법[144]과 같이 고의로 채권자목록에서 누락시킨 채권에 대해서는 실권의 효력을 인정하지 않는 방법도 모색

---

143) 대법원 2003. 1. 10. 선고 2002다36235 판결.
144) Bankruptcy Code §523(a)(3)(A).

될 수 있다. 실권제도는 절차의 효율적인 진행을 위한 법의 산물[145]이므로 회사정리법의 개정으로 실권의 배제가 가능하다. 즉, 통합도산법(안)이 채권신고의 원칙을 수정하여 관리인이 제출한 목록에 있는 채권을 신고한 것으로 의제하고 있어 신고목록의 정확성과 적정성이 직접적으로는 절차의 효율성을 보장하게 되고, 간접적으로는 법원의 송달부담을 해소할 수 있다고 본다. 또한 통합도산법(안)이 구경영진이 관리인에 선임되는 것을 원칙으로 하고 있으므로 구경영진이 관리인에 선임되어 채권자 목록을 제출한 경우에는 채권자 목록에 누락이 있을 경우 관리인에게 고의가 있는 것으로 추정하고, 실권의 효력을 배제하거나 추완신고를 인정하는 방법 등이 모색될 수 있다.

또한 권리를 신고하지 않은 주주와 적어도 동일한 지위, 즉 주주에게 추가신고기간을 부여하면 채권자에게도 동일한 기간 동안 채권신고가 가능하도록 하는 방안과, 미신고 주주의 권리를 실권시키지 않는 것과 동일하게 정리채권자 등도 실권시키지 않는 방안을 모색하여 최소한 미신고한 주주와 채권자의 차별은 피하여야 할 것이다.

3) 채권신고 의제 범위의 확대

관리인이 제출한 목록에 있는 채권자뿐만 아니라 정리담보권자[146] 및 법원의 변제허가를 받은 채권 등 객관적으로 채권의 존재

---

145) Brian A. Blum, Bankruptcy and Debtor/Creditor(Little Brown & Company, 1993), p.530.

146) 미국 연방파산법도 담보채권자는 신고가 없어도 담보권을 실행할 수 있도록 정하고 있다. Bankruptcy Code §506(d)(2); 윤영신, 「미국의

가 입증되는 경우에는 채권신고를 한 것으로 의제하는 범위를 확대하는 것이다.

또한 정리절차 개시 당시에 청산대차대조표가 작성되었을 것이고, 청산대차대조표의 작성은 자산과 부채의 조사를 전제로 하고 있으므로 정리절차 개시 당시에 조사된 내용은 채권신고가 없어도 채권신고가 있는 것으로 의제하는 것이다.

도산법」(한국법제연구원, 1998), 66면; 高木新二郎, 앞의 책, 189면; David G. Carlson, Proofs of Claims in Bankruptcy: Their Relevance to Secured Creditors, 4 J. Bankr. L. & Prac. 555, p.556(1995).

제5장 정리계획 인가에 따른 실체적 권리제한

제1절 서　　설

　　회사정리제도는 재정적 궁핍으로 파탄에 직면하였으나 경제적으로 갱생의 가치가 있는 주식회사에 관하여 이해관계인의 이해를 조정하며 그 사업의 정리재건을 도모함을 목적으로 한다. 정리절차 신청 이후에 이해관계인을 옥죄이던 권리행사제한 및 정리절차 참여강제 등은 모든 이해관계인을 정리계획에 참여시키기 위한 임시적, 절차적인 제한이었다. 즉 지금까지 논한 것은 실체적인 권리에 대한 잠정적인 권리행사의 임시적 제한이었으나, 본장에서 논할 실체적 권리제한은 실체적 권리에 대한 종국적인 변경을 의미한다. 회사정리법은 "정리계획에서는 전부 또는 일부의 정리채권자, 정리담보권자 또는 주주의 권리를 변경하는 조항……"을 명시하도록 하고 있어 이해관계인의 권리에 대하여 정리계획을 통한 변경을 전제로 하고 있다. 이미 언급하였듯이 정리채권 및 정리담보권은 실체법상의 권리와 차이가 있는 정리절차 내에서의 절차적 권리였으나, 정리계획의 인가로 인하여 정리채권 및 정리담보권은 실체법상의 권리와 동일하게 되어 정리절차 종결 이후에도 회복될 수 없게 된다.

　　정리절차는 파탄에 빠진 회사재산을 청산하는 분배절차의 일종이지만 재산을 현실적으로 분배하는 파산과는 달리 기업의 재건이라는 목적을 바탕으로 하는 권리의 재분배절차라고 할 수 있으며,[1] 회사정리가 진행되었다는 의미는 이미 이해관계인의 권리를 충족시킬 회사재산이 없는 것이고 권리변경은 권리의 감축을 의미하는 것이므로 정리채권 및 정리담보권, 주주권에 대한 권리변경의 방향은 권리의 감축으로 귀결될 수 밖에 없다.

정리계획안의 가결은 조별 다수결에 의하여 이루어진다. 이와 같은 권리변경에 동의하지 않는 이해관계인에 대하여 강제적으로 법정 다수결에 의하여 권리가 변경되므로, 소액의 의결권을 보유한 이해관계인을 보호해야 할 필요가 있어 이해관계인의 결의를 거친 정리계획에 대하여 법원의 인가를 받아야 효력이 있는 것으로 하고 있다. 법원이 인가를 할 때 기준이 되는 권리변경의 기준은 이종의 성질의 권리자 간에는 공정·형평한 차등을, 동종의 권리자 간에는 평등원칙을 제시되고 있다.

이하에서는 권리를 실체적으로 변경하는 정리계획의 의미와 그 수립과정에 관하여 살펴보고 정리계획의 인가기준으로 제시된 공정, 형평성 기준을 통하여 이해관계인의 권리제한과 그 개선방안을 검토하기로 한다.

---

1) 임채홍·백창훈, 「회사정리법(하)」(한국사법행정학회, 2002), 181면.

제2절 정리계획안 인가의 일반절차

1. 정리계획안의 개념

가. 정리계획안의 의의

기업재건을 목적으로 하는 정리절차는 정리계획을 통하여 달성된다. 즉, 법은 정리계획의 절대적 기재사항으로 권리변경에 관한 사항, 공익채권의 변제에 관한 사항, 채무의 변제자금의 조달에 관한 사항, 예상초과수익금의 용도에 관한 사항, 임원의 선임 및 유임에 관한 사항을 반드시 정하도록 하고 있으며, 그 외 상대적 기재사항으로 정관변경에 관한 사항, 자본감소에 관한 사항, 신주발행에 관한 사항, 사채발행에 관한 사항, 합병 및 분할, 회사경영 또는 재산의 처분에 관한 사항, 해산에 관한 사항, 신회사의 설립에 관한 사항 등을 정할 수 있도록 하여 정리계획을 통하여 정리절차의 목적을 달성하려고 한다. 그래서 정리계획을 향후 정리절차 진행의 기본규범,[2] 혹은 정리회사의 기본구조를 정하여 다수의 이해관계인들에 대하여 기업의 현재가치 또는 장래가치를 분배 또는 유도하기 위한 기본약관[3]이라고 정의하고 있다.

---

[2] 규범이란 법적 구속력이 있다는 의미인데, 정리계획의 조항 중에는 변제자금의 조달계획과 같이 법적 구속력이 없는 것이 있으나, 정리계획의 요체는 법적 구속력이 있는 조항 들이며, 정리계획의 조항 중 대부분은 법적 구속력이 있으므로 규범이라고 표현할 수 있다. 원용석, "정리계획안 작성·인가상의 문제점", 「민사판례연구」 제16집(박영사, 1996), 533면.

정리계획안은 정리절차의 특수한 구조에 의하여 상기의 정리계획을 내용으로 하여 관계인집회에 의결을 위하여 제출된 것과 관계인집회에서 가결된 이후 법원에 인가를 위하여 제출된 경우 모두를 지칭하는 것으로 보아야 한다.

나. 정리계획안의 종류

정리계획안은 먼저 그 작성 목적에 따라 회사의 사업을 계속할 때의 가치가 회사를 청산할 때의 가치보다 크다고 인정하는 경우 작성되는 '회생을 내용으로 하는 계획안(보통이 정리계획안)'과 회사를 청산할 때의 가치가 회사의 사업을 계속할 때의 가치보다 크다고 인정하는 경우에 작성되는 '청산을 내용으로 하는 계획안'으로 구분 된다.

또한 정리계획안을 그 제출시기 별로 구분하면, 제1회 관계인집회 기일 이전에 제출된 '사전제출된 정리계획안'과 그 이후에 제출된 '정리계획안'으로 나눌 수 있고, 정리계획안의 수정 및 변경이 가능한 제3회 관계인집회의 가결 이전의 정리계획안과 그 이후 변경이 불가능한 정리계획안[4]으로 구분할 수 있다.

---

3) 竹內康二, "更生計劃における公正衡平(1)", 「新倒産判例百選, 別冊ジュリスト」, 204면.

4) 다만, 가결 이외의 결의가 있는 경우에는 변경제도가 가결을 용이하게 하기 위하여 존재하므로 변경이 가능하다고 보아야 한다는 견해가 있다. 임채홍·백창훈, 앞의 책, 137면.

다. 사전제출된 정리계획안

사전제출된 정리계획안 소위 '사전계획안'은 제1회 관계인집회의 기일 또는 그 이후에 정리계획안을 제출한다는 원칙에 대한 수정으로 정리절차 지연에 따르는 경제불안요인을 제거하고 기업개선작업에 실패한 기업 등 부실기업의 구조조정을 촉진함과 아울러 기업의 갱생을 도모하려는 취지에서 2001년 법 개정시 도입된 제도이다.[5]

사전계획안은 회사부채의 1/2 이상의 채권을 가진 채권자가 제출할 수 있으며 부채의 1/2여부에 대한 판단은 회사의 대차대조표나 기타의 회계장부를 토대로 하여 산정하는 것이고 사전계획안이 제출되어도 특별한 법적 효과가 발생하는 것은 아니므로 위의 제출기준은 법이 제출자에 대한 법적 요건을 정한 것은 아니다.[6]

사전계획안이 제출된 정리절차는 제출된 사전계획안에 대하여 제1회 관계인집회 전일까지 동 계획안에 동의한 채권자의 채권합계액이 관리인이 조사하여 보고한 정리채권 및 정리담보권액의 2/3 이상에 해당하는 경우에는 정리계획안의 제출기한이 단축되고 관리인의 정리계획안의 제출의무를 면제받을 수 있을 뿐 다른 절차에 있어서는 통상의 정리절차와 동일하다.

라. 청산을 내용으로 하는 정리계획안

정리절차는 사업의 존속을 목적으로 하는 것이나, 회사를 청산할

---

5) 국회 법제사법위원회, 「회사정리법 개정 법률안 심사보고서」, 2001.
6) 전문위원의 "회사정리법 개정 법률안 심사보고서(2001)"에도 법적 효과가 없으며, 채권액에 대한 판단은 소명으로 족하다고 하고 있다.

때의 가치가 회사의 사업을 계속할 때의 가치보다 크다고 인정되는 경우, 정리절차 개시 이후 회사의 존속, 합병, 분할, 분할합병, 신회사의 설립 또는 영업의 양도 등에 의한 사업의 계속을 내용으로 하는 정리계획안의 작성이 곤란한 것이 명백한 경우에는 청산을 내용으로 하는 정리계획안의 작성이 허용된다. 예를 들어 회사의 수익력이 좋지 않아 도저히 갱생을 내용으로 하는 계획안을 작성하기 어려운 경우뿐만 아니라, 갱생형 정리계획안이 작성·제출되어도 이해관계인으로부터 법정 다수의 동의를 얻을 수 없는 것이 예측되거나, 정리계획안에 반대할 것으로 예상되는 조에 대하여 권리보호 조항을 두면 사업의 존속을 기대할 수 없는 경우이다.[7] 이와 같은 경우에 정리절차를 폐지하고 파산절차로 이행하는 것이 원칙이나, 이러한 원칙을 고수하면 그간의 진행과정 동안의 시간 및 경제적인 손실이 너무 과하게 되므로 청산을 목적으로 하는 정리계획안의 작성을 인정하여 정리절차의 효율성과 경제성을 추구하려는 것이다.[8]

청산을 목적으로 하는 정리계획안인지 여부는 회사정리법이 예정하고 있는 합병, 신회사의 설립, 영업의 양도 등의 방법에 의하지 않고 기업을 해체하거나 환가하여 분배하는 계획안을 의미하는 것으로 기업을 실질적으로 해체하는 것을 내용으로 하는 것이지 단순히 회사의 법인격의 소멸 여부만을 가지고 판단되어서는 안 된다.[9]

청산을 목적으로 하는 정리계획안도 다른 계획안과 동일한 절차를 거쳐 법원의 인가를 받아야 효과가 있으나, 정리담보권자 조에 있어서는 의결권 전액의 동의를 얻어야 하는 점에서 구별의 의미가 있다. 또한 청산을 목적으로 하는 정리계획안은 본래의 파산절차에

---

7) 임채홍·백창훈, 앞의 책, 146면.
8) 서울지방법원, 「회사정리실무」(서울지방법원, 2001), 359면.
9) 임채홍·백창훈, 앞의 책, 145면.

의하여 실현될 사항을 정리절차에서 실현시키고자 하는 것이므로 청산을 목적으로 하는 정리계획안을 결의한 시점에서 곧 파산절차로 이행한다고 가정한 경우에 비하여 관계인에 대한 실체적·절차적 처우가 현저하게 균형을 잃은 경우에는 이해관계인의 이익을 해하므로 청산을 목적으로 하는 정리계획안은 인가될 수 없다.[10]

2. 정리계획안의 성립

가. 작성의무자 및 제출권자

보통의 정리계획안은 제1회 관계인집회기일 이후부터 법원의 명령에 의하여 관리인에게 제출의무가 부과되고, 제출기한은 법원이 4월 이내로 정하나, 제출기한의 연장신청이 있는 경우 대기업 2월 중소기업 1월의 연장이 가능할 뿐이다. 동 기간 내에는 관리인뿐만 아니라 그 이외의 이해관계인인 정리채권자·정리담보권자 및 그들이 선임한 대리위원, 주주, 담보부사채신탁의 수탁회사, 비금전채권자, 조건부채권자, 법 제121조 제1항 제5호에 의한 벌금 등의 청구권을 가진 자 및 법 제122조에 규정된 조세 등의 청구권을 가진 자도 정리계획안을 제출할 권리를 갖게 된다. 따라서 정리계획안은 형식상 법원의 제출명령에 의하게 되지만 실질적으로 이해관계인 전체에 대한 정리계획안의 제출을 허용하는 선언인 것이다.[11] 다만 감독행정청 및 회사의 노동조합은 정리계획안을 작성 및 제출할 수 없다.

주주의 정리계획안의 제출권과 관련하여 주주에게 정리계획안에

---

10) 임채홍·백창훈, 앞의 책, 146면.
11) 임채홍·백창훈, 앞의 책, 113면.

188

대한 의결권이 인정되지 않는 경우인 회사의 부채 총액이 자산의
총액을 초과하는 경우가 문제될 수 있다. 그러나 의결권이 없는 주
주도 반드시 정리계획에서 배제되는 것이 아니라 정리계획에서 정
한 바에 따라 정리회사에 대하여 이해관계를 갖는 것이고, 복수의
정리계획안을 원칙적으로 인정하는 법의 취지가 좀더 효율적이고
합리적인 정리계획을 통하여 대상 기업을 조기에 회생시키려고 하
는 데 있으므로 법에 명문으로 제출에 관한 제한을 하지 않은 상태
에서는 제출을 부인할 이유가 전혀 없다고 본다.

　정리계획안이 법원에서 정한 기간 내에 제출되지 않은 경우 정리
절차의 폐지사유가 되나, 폐지결정 전에 정리계획안이 제출된 경우
에는 회생을 목적으로 하는 정리절차의 특징을 감안할 때 폐지보다
는 적법한 정리계획안의 제출로 보는 것이 합리적일 것이다.

나. 정리계획안에 대한 심리

　정리계획안이 제출된 경우 제2회 관계인집회를 소집하여 이해관
계인의 의견을 들어야 한다. 제2회 관계인집회의 성격은 이해관계인
간에 정보교환 및 이해조정의 성격을 갖는다.[12] 제2회 관계인집회에
서 제출자는 정리계획을 설명하여야 하고, 이해관계인은 설명을 들
은 후 그 계획안에 대한 의견을 진술할 수 있으며, 의견은 정리계획
안의 수정 및 배제 등에 관한 것이 되며 그 내용에는 제한이 없다.
　또한 법원이 필요하다고 인정하는 때는 감독행정청 및 노동조합의
의견을 들어야 하나, 그 의견에 기속되는 것은 아니다. 다만 행정청
의 허가, 인가, 면허 기타의 처분을 요하는 사항을 정하는 정리계획

---

12) 임채홍·백창훈, 앞의 책, 121면.

안에 대해서는 그에 관한 행정청의 의견을 반드시 들어야 한다.

다. 정리계획안의 수정 및 변경

1) 수정 및 변경의 필요성

정리계획안은 이미 언급한 바와 같이 향후 진행될 정리절차의 기본규범 내지는 기본약관과 같은 역할을 함에도 불구하고 관리인을 포함한 특정인이 법원이 정한 기한 이내에 작성하여 제출하여야 하는 시간적 제한으로 인하여 특정인에게 편중되게 작성될 수 있다. 그러나 정리계획안은 조별결의를 거쳐 법원의 인가를 받아야 그 효력이 인정되는 것이므로, 위와 같이 특정인에게 유리하게 작성된 정리계획안은 조별 결의시 부결될 가능성과 법이 정한 인가요건에 위배될 가능성이 크다. 이와 같은 경우에 정리계획안을 폐기하고 정리절차를 폐지한다면 지금까지 진행되어온 정리절차는 무위로 돌아가게 되는 것이 되어 기업갱생의 목적을 갖은 정리절차에 부합하지 않게 된다. 따라서 이와 같은 사태를 방지하고자 일정한 제한하에 정리계획안의 수정 및 변경[13]할 필요가 있다.

---

13) 법은 '수정'과 '변경'이라는 용어를 사용하고 있지만 그 둘의 차이가 실질적으로 없어 입법론으로는 용어를 통일하는 것이 바람직하다는 견해가 있으나(임채홍·백창훈, 앞의 책, 126면), '정리계획안의 수정'은 제2회 관계인집회기일 종료 전까지 이해관계인에게 불리하게 정리계획안이 변경될 수 있는 경우에 사용되고, '정리계획안의 변경'은 제2회 관계인집회가 종료된 후부터 정리계획안에 대한 결의까지 사이에 이해관계인에게 불리한 영향을 주지 않는 범위 내에서의 내용을 변경하는 경우에 사용됨으로 구별의 실익이 있다(서울지방방법원, 앞의 책, 348면).

190

2) 수정 및 변경의 유형

정리계획안은 정리절차의 시간적 흐름에 따라 그 수정 및 변경의 정도에 차이를 보이고 있다. 정리계획안은 심리 및 결의 단계에서의 변경, 정리계획안의 인가 시의 변경, 정리계획 인가 후의 변경으로 구분할 수 있다. 세부적으로 정리계획안의 심리 및 결의 단계에서의 변경은 계획안 제출자가 제2회 관계인집회기일까지 법원의 허가를 얻어 정리계획안을 수정하는 경우, 법원이 제3회 관계인집회기일을 정할 때까지 신청 또는 직권으로 제출자에게 수정명령을 하는 경우, 정리계획안 제출자가 제3회 관계인집회기일에서 이해관계인에게 불리한 영향을 주지 않는 경우에 한하여 법원의 허가를 얻어 계획안을 변경하는 경우로 구분된다.

정리계획안의 수정 및 변경의 유형 중 정리계획안의 인가 시의 변경은 법원의 직권에 의한 변경이란 점, 정리계획안에 대한 심리 및 결의의 단계를 거치지 않아도 된다는 점에서 다른 변경절차와 구별된다.

가) 정리계획안의 심리 및 결의 단계에서의 변경

(1) 제출자에 의한 수정

정리계획안의 제출자는 정리계획안이 법원에 제출된 이후에는 법원의 허가를 얻어 제2회 관계인집회의 종료까지 정리계획안을 수정할 수 있다. 정리계획안을 수정할 수 있는 자는 제출자에 한정된다. 다른 이해관계인은 관계인집회에서 의견을 개진할 뿐이며 수정의 신청을 할 수 없으나, 법원에 수정명령을 신청할 수는 있다.

수정의 범위는 당초의 안과 본질적으로 다르지 않은 범위[14] 이내에서 이해관계인에게 유리한 변경 및 불리한 변경 모두가 가능하다. 또한 수정의 대상은 정리계획안에 기재된 내용이며, 절대적 기재사항 및 임의적 기재사항을 불문한다. 다만 권리의 변경과 직접적으로 관련이 없는 정리절차에 이르게 된 배경, 개시 결정 이후의 회사의 상황 등은 수정의 대상이 되지 않는 것으로 본다.

수정은 법원의 허가를 통하여 이루어지나 수정에 대하여 법원의 허가가 있었다는 사정이 법원이 정리계획안의 배제를 하지 않기로 결정을 하였다거나, 반드시 정리계획안을 인가한다는 의미는 아니다.[15]

(2) 법원의 수정명령

법원은 정리계획안 제출 이후 제3회 관계인집회의 기일을 정한 때[16]까지 정리계획안 제출자에게 정리계획안의 수정명령을 발하여 정리계획안의 제출자로 하여금 정리계획안의 수정신청을 하도록 할 수 있다. 수정명령은 이해관계인의 의견과 법원의 지시를 정리계획안에 반영하고, 정리계획안의 제출자가 자발적으로 수정할 기회를 상실한 경우에 그 의의가 있다.[17] 수정명령은 법원의 재량사항으로

---

14) 존속형 정리계획안을 청산을 목적으로 하는 정리계획안으로 변경하는 것을 제외하고는 실무상 그 한계가 없는 것으로 보고 있다. 서울지방법원, 앞의 책, 350면.

15) 임채홍·백창훈, 앞의 책, 130면.

16) 법원이 기일의 지정 및 변경 권한을 가지고 있으므로 제3회 관계인집회의 기일을 정한 이후 정리계획안을 수정할 이유가 있으면 제3회 관계인집회기일을 변경 하므로 실질적으로는 제3회 관계인집회가 열릴 때까지 수정명령이 가능하다고 보아야 한다. 임채홍·백창훈, 앞의 책, 131면; 三ケ月章 等, 「條解 會社更生法(下)」(弘文堂, 2001), 229면.

17) 임채홍·백창훈, 앞의 책, 131면.

192

이해관계인의 수정명령 신청에 법원이 기속되지는 않는다.

수정명령에 따른 수정신청이 된 경우에는 그에 따라 정리계획안이 수정된 것으로 본다. 다만 제2회 관계인집회 이후에 수정신청이 있는 경우에는 법원의 재량으로 제2회 관계인집회의 재소집 여부를 결정하나, 그 내용이 제2회 관계인 집회에서 이미 합의된 사항이나, 단순한 기술적인 문제인 경우 제2회 관계인집회의 재개는 불가하다.[18]

법원의 수정명령에 대하여 정리계획안 제출자가 응하지 않는 경우에도 법원은 직권으로 정리계획안을 수정할 수 없으며, 오로지 법원은 정리계획안을 배제하거나 관계인집회에서 의결된 계획안에 대하여 불인가하는 방법에 의하여 사실상 정리계획안의 수정을 간접적으로 강제할 수밖에 없고, 수정명령의 대상자가 관리인인 경우 그 책임을 물어 해임이 가능하다.[19]

(3) 정리계획안의 변경

정리계획안 제출자는 제3회 관계인집회에서 법원의 허가를 얻어 정리채권자, 정리담보권자, 주주에게 불리한 영향을 주지 않는 범위에서 정리계획안을 변경할 수 있다. 불리한 영향을 주지 않는 한도에서의 '변경'이라는 점이 정리계획안의 '수정'과의 차이점이다. 변경의 범위에 제한이 있는 것은 이미 정리계획안에 대한 심리절차(제2회 관계인집회)가 종료하여 이해관계인에 관하여 정리계획안에 대한 의견진술 기회가 보장되지 않기 때문이다.[20]

불리한 영향을 준다는 의미는 권리의 내용이 실질적으로 불리하

---

18) 임채홍·백창훈, 앞의 책, 135면.

19) 원용석, 앞의 논문, 541면.

20) 임채홍·백창훈, 앞의 책, 138면.

게 되는 것을 말하고, 단순히 다른 사람의 권리가 유리해짐에 따라 자신의 권리가 상대적으로 저하되는 경우는 포함되지 않는다.21) 예를 들어 정리담보권의 변제기는 앞당기면서 정리채권의 변제기를 그대로 두는 경우 정리채권자들은 상대적으로 불리한 변경으로 보이지만 실질적으로 권리에 변경이 없으므로 불리한 변경이 아닌 것이다. 그리고 불리한 영향을 받는 모든 이해관계인이 동의한 경우에는 불리한 영향으로 볼 수 없다.22)

가결 이후 정리계획안의 변경은 불가능하다. 다만 일부 또는 모든 조에서 부결이 된 경우에 정리계획안의 변경여부와 관련하여 이해관계인의 결의를 부당하게 찬탈할 우려가 있어 변경이 인정되지 않고 제206조의 요건에 해당하여 속행기일이 지정되는 경우에 한하여 변경이 가능하다는 견해가 있으나,23) 정리계획안의 변경을 인정하는 근거가 관계인집회에서의 가결을 용이하게 하려는 데 있고, 불리한 영향을 배제한 정리계획안의 변경만이 인정되는 취지를 감안할 때 정리계획안의 변경이 가능하다고 보아야 할 것이다.24)

나) 정리계획안 인가 시의 변경

모든 조에서 법정 다수의 동의를 얻어 정리계획안이 가결된 경우에는 법원은 그 계획안에 대하여 일부 수정하여 인가할 수 없다. 그러나 정리계획안이 일부의 조에서 부결되어 정리절차를 폐지하여야 한다면, 회생가능한 기업의 정리재건을 위한 그간의 이해관계인

---

21) 서울지방법원, 앞의 책, 355면; 원용석, 앞의 논문, 550면; 임채홍, 앞의 책, 138면.

22) 條解 會社更生法(下), 266면.

23) 원용석, 앞의 논문, 551면.

24) 條解 會社更生法(下), 267면; 임채홍·백창훈, 앞의 책, 138면.

194

의 노력이 허사로 되고, 특히 일부 이해관계인의 무리한 요구로 인하여 정리계획안이 폐지된다면 관련 이해관계인의 피해와 사회경제적 손실이 크게 된다. 따라서 일부의 조에서 법정 다수의 동의가 없는 경우에도 법원은 직권으로 부동의 조에 속하는 권리자의 권리를 보호하는 조항을 정하고 정리계획안을 인가할 수 있도록 하고 있다. 이러한 정리계획안의 변경은 다른 정리계획안의 수정, 변경과는 달리 유일하게 법원이 직권으로 행한다는 점에서 차이가 있다.

  법원이 직권으로 변경하는 정리계획안은 부결된 정리계획안을 반드시 변경하여야 하고, 부결된 조의 권리를 법이 정한 내용대로 변경하는 것이 더욱 열후적으로 변경되는 경우이더라도 허용되는 것으로 보아야 한다.[25]

다) 정리계획 인가 후의 변경

(1) 필요성

정리계획안의 가결절차 및 법원인가 과정과 인가 결정의 효과를 볼 때 인가된 정리계획이 변경된다고 한다면 정리계획자체가 불안정·불확실한 것이 되므로 이해관계인의 회사에 대한 권리 및 그 지위도 극히 불안정·불확실하게 되어 정리절차 전반에 대한 이해관계인의 협조를 얻기가 어렵게 되므로 원칙적으로 변경이 되지 않는 것으로 보아야 한다.[26] 그러나 정리계획의 확립에 시간적·절차적 제약이 있었고, 경제사정의 변동 및 기타 사정의 급변으로 인하여 정리계획의 수행이 불가능한 경우도 있게 된다. 이와 같이 수행이 불가능한 정리

---

25) 임채홍·백창훈, 앞의 책, 331면.

26) 채원식, "회사정리계획의 인가 후의 변경", 「사법행정」(한국사법행정학회, 1986. 5), 36면; 서울지방법원, 앞의 책, 499면.

계획의 변경을 인정하지 않고 모두 폐지하는 것은 이해관계인의 이해에 합치하지 않고, 사회경제적으로 바람직하지 않아 정리계획 인가 이후에도 정리계획의 변경을 인정하게 된 것이다.

(2) 변경의 대상

정리계획 인가 후의 변경을 제외한 다른 정리계획안의 수정, 변경은 정리절차 개시 전의 원인에 기한 회사에 대한 재산청구권 및 구주주의 권리에 대한 변경이나, 정리계획 인가 후 정리계획의 변경은 인가된 정리계획의 수행에 의하여 생긴 계획상의 권리 중 잔존하는 권리를 대상으로 변경하는 것이다.[27]

변경의 대상이 되는 것은 정리계획에 기재된 내용이다. 기재된 내용이면 절대적 기재사항뿐만 아니라 상대적 기재사항도 변경의 대상이 된다. 또한 정리계획에 정함이 없는 사항일지라도 추가할 사항이 있으면 정리계획의 변경이 가능하나, 원래의 계획에서 면제 또는 면책된 정리채권, 정리담보권의 부활을 내용으로 하는 변경은 불가하다.[28] 그러나 정리계획에서 정한 것보다 조기에 변제하는 것 및 공익채권과 같이 정리계획으로 권리의 제한이 인정되지 않는 사항은 변경절차가 필요 없다.

인가된 정리계획의 변경이 필요한 경우에 이해관계인에게 불리한 영향을 미치는 변경의 경우에는 정리계획안의 인가를 위한 절차 즉 심리 및 가결과 법원의 인가의 절차를 거쳐야 하고, 불리하지 아니한 변경은 법원의 정리계획 변경결정으로 변경안은 효력을 발휘한다.[29] 또한 가결되지 않거나 인가되지 않은 경우에도 변경계획 불

---

27) 임채홍 · 백창훈, 앞의 책, 397; 채원식, 앞의 논문, 38면.
28) 채원식, 앞의 논문, 41면.

인가 결정은 정리절차 종료 사유가 아니므로 당연히 정리절차가 폐지되는 것은 아니다. 따라서 원래계획대로 수행을 하면 된다.

라. 정리계획안의 성립

정리계획안은 제3회 관계인집회에서의 가결여부에 따라 성립한다. 정리계획안의 의결을 위하여 소집된 제3회 관계인집회에서는 각 조별로 정리계획안에 대한 의결을 하기 때문에 각 조별 결과에 따른 여러 경우의 수가 있게 된다. 먼저 모든 조에서 법정 다수의 동의를 얻어 가결된 경우와 그렇지 않아 부결된 경우로 나누어 볼 수 있다. 후자는 다시 하나 또는 일부의 조에서 부결된 경우와 모든 조에서 부결된 경우로 구분할 수 있다. 모든 조의 동의를 얻어 가결된 경우에는 법원의 인가만을 남긴 것이고, 법원은 가결된 동의안을 변경하지 못하고 그대로 인부를 결정하여야 한다. 그러나 부동의된 정리계획안에 대하여 법원은 각 조에서 일정한 비율 이상의 동의를 얻은 경우에는 기일을 속행하여 다시 가결할 기회를 부여하거나,[30] 임의로 권리보호조항을 설정하여 인가할 수 있으며, 정리절차의 폐지를 할 수 있다.

결국 법원의 인가대상이 되는 정리계획안은 각 조별 법정 다수의 동의를 얻어 가결된 정리계획안과 법원이 직권으로 권리보호조항을 설정한 정리계획안이다. 인가대상인 정리계획안의 모습은 다르지만 법원의 인가기준은 법 제233조로 동일하다.

---

29) 서울지방법원, 앞의 책, 506면.
30) 임채홍·백창훈, 앞의 책, 167면.

마. 정리계획안의 배제

정리계획안의 배제라 함은 정리계획안이 제출된 이후 제3회 관계인집회 기일을 지정[31]하기 전까지 법원의 직권으로 제출된 정리계획안을 폐기하는 것을 말한다. 법원은 정리계획안에 대한 최종적인 인부결정권한을 갖고 있으므로 제출된 정리계획안이 수정 및 변경을 통하여서도 도저히 법원의 인가받을 수 없는 경우에 정리계획안의 심리 및 이해관계인의 의결절차를 생략하고자 하는 절차이며, 이로 인하여 법원의 정리계획안 수정명령권이 실효성을 갖게 된다.[32] 정리계획안을 배제시킬 수 있는 경우는 정리계획안의 인가요건과 반대의 경우로 법률의 규정에 위반한 때, 공정·형평하지 아니한 경우, 수행이 불가능한 경우이다.

3. 정리계획안의 가결

가. 조의 분류

회사정리절차에 조(組)란 정리계획안의 결의에 있어서 이해관계인에 의하여 구성되는 의결단위를 말하는 것으로 정리계획안의 작성에 있어 하나의 기준이 되는 단위이다. 정리계획안을 작성하고 결의하는 데 있어 조분류의 의의는 상위 권리자 및 소수의 권리자

---

31) 제3회 관계인집회는 결의를 위한 집회이므로 이미 법원이 제출된 정리계획안을 배제하지 아니하기로 결정하였다는 표시이다. 원용석, 앞의 논문, 542면.
32) 임채홍·백창훈, 앞의 책, 140면.

를 보호하는 기능과 이해관계인의 권리보호라는 정리법원의 지도기능을 현실화시키는 기준으로써 기능하는 데 있다.[33]

조를 단순하게 분류한다면 획일적인 이해관계의 조정이라는 측면에서는 바람직하지만 소수자의 권리보호라는 점에서는 불충분할 수 있고, 이와 반대로 조의 분류를 복잡하게 한다면 권리변경의 정도가 다른 이해관계인을 보호한다는 측면은 강조될 수 있지만, 결과적으로 정리계획안이 인가되기 어려운 부작용이 발생할 수 있다.

기본적으로 법이 예정하는 조의 모습은 ① 정리담보권자 ② 일반의 우선권 있는 채권을 가진 정리채권자 ③ 정리채권자 ④ 후순위채권을 가진 정리채권자 ⑤ 잔여재산의 분배에 관하여 우선적 내용을 갖는 종류의 주식을 가진 주주 ⑥ 주주로 나누는 것이다. 그러나 법원이 각 권리가 법률적 성질상 동일한 채권인가의 여부, 즉 채권의 기한의 유무, 목적의 차이, 발생 원인, 채권액 등의 권리의 성질과 1개의 조로 분류될 자 중에 계획안에 반대하는 자가 있기 때문에 그 조에 속하는 자의 일부를 독립의 조로 분류하거나 잔여의 자의 개별적 동의를 얻어서 권리변경의 정도를 완화하거나 또는 반대자의 조에 권리보호조항을 정할 것을 배려하는 등의 이해관계를 고려하여[34] 2개 이상의 조를 1개의 조로 하거나, 1개의 조를 2개 이상으로 분류할 수 있도록 하고 있다. 다만 정리채권자, 정리담보권자, 주주는 다른 조로 분류하여야만 한다. 조의 분류가 의결단위를 구성하기 위한 것이므로 의결권이 없는 정리절차 개시 전의 벌금, 과료, 형사소송비용, 추징금 및 과태료의 청구권을 가진 자와 조세 기타 국세징수법 또는 국세징수의 예에 의하여 징수할 수 있는 청구권을 가진 자는 조분류의 대상에서 제외된다.

---

33) 서울지방법원, 앞의 책, 388면.
34) 條解 會社更生法(下), 844면.

　조의 분류는 법원의 결정으로써 하여야 하고, 법원의 조분류에
대한 결정에 대하여 관리인, 회사, 신고한 정리채권자·정리담보권
자, 주주 등은 의견을 진술할 수 있으나, 법원은 이해관계인의 의견
과 관계없이 조분류를 할 수 있고, 이해관계인은 법원의 결정에 불
복할 수 없다. 법원은 정리계획안의 의결 시까지 종전에 분류된 조
를 변경할 수 있다.

나. 가결을 위한 의결권

1) 정리채권자 등의 의결권

　전술한 바와 같이 회사정리절차의 개시와 함께 정리절차의 이해
관계인은 정리절차 이외에서 개별적인 권리행사를 할 수 없고, 의
결권의 행사에 의하여 자기에게 불리하다고 판단되는 정리계획안의
확정을 저지하여 유리한 정리계획안의 작성을 유도하거나 정리절차
의 폐지를 도모할 수밖에 없다.

　정리채권자 등의 의결권은 조사절차를 통하여 확정된 만큼 의결
권을 가지게 되며, 비록 조사절차에서 이의가 진술되어 미확정의
권리를 갖는 정리채권자 및 정리담보권자라 할지라도 제3회 관계인
집회에서 의결권에 대한 이의가 진술되지 않으면 신고한 만큼의 의
결권을 행사할 수 있다. 의결권에 대한 이의는 의결권행사만을 고
려한 이의일 뿐 권리의 액을 확정하는 조사절차에서의 이의와는 다
르다.[35] 따라서 이의가 없다고 하여 권리가 실체적으로 확정되는
것은 아니다.

---

35) 條解 會社更生法(下), 44면.

확정되지 않은 권리에 대한 이의는 당연한 것이지만, 확정된 권리에 대하여 확정 이후의 사유로 이의가 가능한가가 문제될 수 있다. 즉 확정 후에 정리채권 등에 변동이 있거나, 신고가 예비적이었던 경우,[36] 확정정리채권자·정리담보권자표에 기재가 잘못된 경우 등이다. 이러한 경우에는 확정 이후에 발생한 사유를 원인으로 확정된 정리채권자표나 확정소송의 종국판결에 대한 청구이의의 소를 제기하고 그 집행처분정지의 가처분을 얻은 후에 의결권에 대한 이의가 가능하다.[37]

2) 주주의 의결권

회사정리절차 진행 중에 주주는 법 제52조(개시 후의 자본의 감소 등), 제249조(주주총회의 결의 등에 관한 법령의 규정 등의 배제)에 의하여 많은 부분 제한 받고[38] 주주 개별적으로 권리행사를 할 수 없으며, 오로지 관계인집회에서 의결권을 행사하여 정리계획에 자신의 이익을 반영할 수 있다. 이러한 점에서 주주의 의결권은 정리절차 내에서 주주의 실질적 지위확보를 위한 최종적이고 유일한 권리이다.[39]

---

36) 예를 들면 부인권 행사가 인정되는 것을 조건으로 하여 정리채권 신고를 하였으나 부인권의 행사가 인정되지 않은 경우, 공익채권으로 인정되지 않을 것을 조건으로 하여 정리채권 신고를 하였으나 추후에 공익채권으로 인정된 경우, 채권자에 의한 상계의 효력에 관하여 다툼이 있어 상계의 효력이 인정되지 않을 것을 조건으로 하여 정리채권 신고를 한 경우 등이다.

37) 條解 會社更生法(下), 35면.

38) 다만 정리절차 진행 중에도 주식의 처분에는 제한이 없다.

39) 성낙송, "회사정리법상 주주의 의결권", 「민사판례연구」 제15집(박영

정리절차에 신고하여 의결권에 관한 이의를 진술 받지 않은 주주는 주식 수에 따라 의결권을 갖으나, 정리회사의 자기주식은 의결권이 없다. 그러나 상법상 의결권 없는 주식이라도 정리절차에 이해관계인으로서 참가할 권리를 배제할 수 없으므로 정리절차에서는 의결권을 행사할 수 있다.[40]

또한 정리절차 개시 당시 회사의 부채의 총액이 자산의 총액을 초과하는 경우에 주주는 의결권을 갖지 않으나,[41] 정리계획인가 후에 정리계획을 변경할 경우에는 변경계획안 제출 당시 회사의 자산 총액이 부채 총액을 초과하면 주주에게도 의결권이 인정된다. 즉 정리계획안은 정리절차 개시의 때에, 변경계획안은 변경계획안 제출 시에 자산과 부채를 비교하여 자산이 부채를 초과하여 주주에게 잔여재산분배권이 인정될 수 있는 경우에 주주의 정리절차 참가할 권리를 주는 것이다.

다. 가결요건

1) 가결방법

작성된 정리계획안은 제3회 관계인집회에 제출되어 가결로 법원의 인가를 기다리는 정식정리계획안이 된다. 정리계획안에 대한 가

사, 1993), 247면.

40) 박형준, "회사정리법상 주주의 지위", 「회사정리법·화의법의 제 문제」 재판자료 제86집(법원도서관, 2000), 420면.

41) 재산평가에 대한 기준 시와 평가방법에 관한 상세는 박형준, 앞의 논문, 424-435면; 성낙송, 앞의 논문, 248-256면; 이 책 제2장 제3절 4. 참조.

결방법은 각 조별 결의에 의하여 이루어지며, 각 조별 법정 다수의 찬성에 의하여 정리계획안이 가결된다. 일부의 조의 부동의가 있는 경우에는 부결되는 것이다.

2) 가결비율

가결을 위한 법정 다수는 각 조마다 그 기준이 다른데 기본적으로 각 조별 의결권을 행사할 수 있는 자 전원의 의결권의 액(額) 또는 수(數)가 분모가 된다. 유의할 것은 제3회 관계인집회에 참석한 자를 기준으로 하지 않는다는 사실이다. 또한 분류된 조별 가결이므로 예를 들어 정리채권과 후순위정리채권이 다른 조로 분류 되어 있다면 각각에서 모두 채권자 조에서 요구하는 법정 다수의 동의가 있어야 하는 것이다.

정리채권자의 조는 의결권총액의 2/3 이상에 해당하는 자의 동의가 필요하고, 정리담보권자의 조는 통상의 계획안은 3/4 이상의 동의, 청산을 내용으로 하는 계획안의 경우에는 전원의 동의가 있어야 한다. 또한 주주의 조는 1/2 이상에 해당하는 도의가 있어야 한다. 주주의 경우 정리절차 개시 당시 부채의 총액이 자산의 총액을 초과하면 의결권을 갖지 못한다.

3) 가결시기의 제한

정리계획안의 가결은 2월의 시간적 제약이 있다. 즉 제3회 관계인집회로부터 2월 이내에 결의를 하지 않을 경우에는 정리계획안은 폐지된다(법 제207조 제1항 제2호). 다만 법원이 필요하다고 인정하는 때에 한하여 1월의 기간의 연장이 가능하다(법 제207조 제2

항). 그러나 최종적으로 정리절차 개시 결정으로부터 1년 이내에(6개월 연장가능) 가결되어야 한다(법 제207조 제3항). 이와 같이 시간적 제약을 가하는 것은 정리절차가 부당하게 지연되어 비용의 증가를 막기 위함이다.

제3절 정리계획안의 인가기준

1. 서 언

정리절차는 이해관계인의 관점에서 보면 파탄에 빠진 회사의 재산분배절차의 일종이지만 기업의 재건이라는 목적상 재산의 현실적 분배가 아니라 회사재산에 대한 권리를 재분배하는 절차에 해당하므로[42] 이해관계인의 권리의 변경을 내용으로 하지 않을 수 없어 결국 권리의 변경은 권리의 감축을 의미하는 것이다.

법원의 인가대상은 제3회 관계인집회에서 법정 다수의 동의를 얻어 가결된 정리계획안과 법원이 직권으로 권리보호조항을 설정한 정리계획안이고, 동 정리계획안은 관계인집회의 의결을 거친 만큼 관계인의 의견의 합치된 산물로 이해관계인의 권리를 본인들의 의사결정에 의하여 변경하는 것으로 이해하기 쉬우나, 정리계획안은 법원의 인가 결정 이후에 효력이 있으므로 결국에는 법원의 인가가 권리의 변경여부를 최종적으로 결정하는 것이다. 따라서 인가기준[43]은 이해관계인의 권리를 감축한다는 의미에서 권리변경 기준

---

42) 임채홍·백창훈, 앞의 책, 181면.

이 된다. 특히 인가기준은 법률에 합치할 것, 결의를 성실하고 공정한 방법에 의할 것, 정리계획이 공정(公正)·형평(衡平)하고 수행 가능할 것을 요구하고 있으며 이것이 정리계획의 기본원칙이 된다(법 제233조). 좀더 세분하여 의미를 부여하면 공정·형평은 이해관계인의 이해조정에 관한 기준이고, 수행가능성은 회사의 유지·재건에 관한 기준이 된다.[44] 더욱이 이해조정에 관한 기준은 정리계획에서 내용이 다른 성질의 권리자 사이에는 공정·형평한 차등을 두어야 하고, 같은 성질의 권리자들은 평등하게 취급하여야 한다는 것으로 실현된다. 결국 추상적인 공정, 형평, 평등의 의미를 현실에서 파악하는 것이 정리절차를 통한 이해관계인의 권리변경의 한계를 매듭짓는 것이 된다.

그런데 우리 회사정리법은 일본의 회사갱생법과 그 괘를 같이 하고 있으며, 일본은 것은 미국의 1938년 연방파산법(소위 The Chandler Act)을 계수하였으므로 회사정리법상의 인가기준의 정확한 이해는 미국의 판례 및 해석을 무시할 수 없다. 그러므로 이하에서는 이와 관련된 미국의 논의를 바탕으로 회사정리법의 인가기준 중에서 이해관계인의 권리와 가장 밀접하게 관련된 공정·형평과 관련된 내용만을 검토하기로 한다.

---

43) 회사정리절차에서 우선순위가 다른 채권자들끼리의 결의에 의하여 권리변경이 이루어지므로 정리계획의 내용이 각 이해관계인 사이에 공정·형평하게 이루어질 수 있도록 함과 동시에 정리제도의 목적인 기업의 정리·재건을 달성할 수 있도록 하는데 인가요건을 규정하는 취지가 있다. 대법원 1987. 12. 29. 선고 87마277 판결.

44) 김재형, "회사정리계획에서 경영책임에 기한 주식소각의 기준", 「상사판례연구」 제5권(박영사, 2000), 283면.

2. 공정·형평의 의미

가. 성립배경

공정·형평이라는 용어가 법률에 등장한 것은 미국의 1934년 파산법에서였지만,[45] 성문화되기 이전에 이미 판례를 통하여 확립된 개념이었다. 특히 리딩케이스로 등장하는 판례는 수탁관리인제도(Equity Receivership)하의 'Boyd'사건[46]이다. 수탁관리인제도에서의 재건방법은 회사재산을 채권자에게 매각하고 채권자는 그 재산을 새로운 회사에 현물출자하는 대신 신회사의 증권을 받는 방법으로 진행된다. 'Boyd'의 경우에도 재건철차에 들어온 구회사(Northern Pacific Railroad)가 신회사(Northern Pacific Railway)를 설립하여 모든 자산을 양도하고 신회사의 사채와 주식을 발행하여 구회사의 채권자와 주주에게 분배하였다. 다만 무담보사채권자에게는 회사가 적자상태로 파산지경이고 회사 자산가치가 경매 시에 담보채권에 미달한다는 이유로 아무런 대가도 지급하지 않으면서, 주주에게는 일정액의 현금과 교환하여 주식을 배정하였다. 이에 대하여 무담보사채권자였던 'Boyd'가 형평법원에 사기적 이전행위금지법(Fraudulent Conveyance Law) 위반으로 제소하여 본 사건에 이르게 된 것이다.

이에 대하여 연방대법원은 담보권부사채권자와 구주주가 연대하여 무담보사채권자를 배제하는 것은 형평의 관점에서 허용되지 않

---

45) 미국 파산법의 변천에 관한 상세한 내용은 임치용, 「파산법연구」(박영사, 2004), 203-222면; 오수근, "회사정리법의 역사적 발전과정에 관한 소고", 「민사판례연구」 제16집(박영사, 1994), 453면 이하 참조.

46) Northern Pacific R. Co. v. Boyd, 228 U.S. 482 (1913).

는다고 하면서 사기적 이전행위금지법을 적용하여 신회사에 대한 Boyd의 채권을 인정하였다. 그 판시이유로 재건절차에서 주주는 채권자에 대하여 아무런 이익도 지닐 수 없는 지불불능의 채무자와 같고, 주주가 채권자에게 우선하는 계약상 또는 사법상의 매매(Judicial Sale)는 무효로서 채권자의 우선권을 희생하면서 주주의 권리와 이익을 확보하려는 계약은 선의 여부와 무관하게 무효이다. 무효는 재건계약의 성질에서 나오는 것이지 자산의 가치의 많고 적음과는 무관하므로 그에 대한 사실인정의 문제가 아닌 채권자가 주주보다 우선한다는 원칙(Fixed Principle)에 의하여 결정되어야 한다고 판시하였다. 이 판결은 재건계획을 작성함에 있어 채권자와 주주 사이에 우선순위를 지키도록 요구하는 절대우선원칙(The Absolute Priority Rule)[47]의 출발점이 되었다.

나. 절대우선원칙의 실정법에의 편입

수탁관리인제도를 개선하여 1934년에 파산법은 제77조B로서 회사재건에 관한 내용을 규정하였다. 특히 동법에서는 다수결로 소수자를 구속하기 위한 정당성의 근거로 정리계획안의 인가 제도를 설정하였다. 정리계획안은 법원의 인가를 받아야 하며 법원이 정리계획안을 심사함에 있어서는 계획안이 공정하고 형평(Fair and Equitable)에 맞아야 하며 실행가능한지의 여부를 고려하여야 했다.[48] 그 이후

---

47) 절대우선원칙이라는 용어는 James C. Bonbright/Milton M. Bergerman에 의하여 1928년에 처음 사용되었다. Douglas G. Baird/Thomas H. Jackson, Bargaining After the Fall and the Contours of the Absolute Priority Rule, 55 U. Chi. L Rev. 738. note 1(1988).

48) 종전 수탁관리인제도에서는 법원은 소극적으로 불공정한 정리절차가

1934년 법에 대한 비판을 수용하여 1938년 현재의 미국 회사재건제도의 기틀을 마련한 The Chandler Act가 제정되었다.

그러나 공정·형평의 구체적인 내용은 정하고 있지 않아 이미 판례상 인정된 절대우선원칙의 적용여부가 논란이 되었고,[49] 실제에 있어서는 완전하게 준수되지 않은 계획안이 계속적으로 인가되었다.[50]

실정법에서의 인가기준, 즉 공정·형평의 의미가 명확하게 밝혀진 사건은 'Case'사건[51]에서이다. 신청인 회사는 재건신청을 하였다. 계획안은 주주들이 사업에 익숙하고 지역사회에서의 재정적인 입장과 영향력을 유지한다는 것이 신회사의 자산가치가 될 수 있다는 등의 이유로 지분권(Equity)이 없는 구주주에게 새로운 출자 없이 23%의 신회사 주식을 배정하고, 담보부사채권자에게는 우선주를 배정하였으며, 전 주식의 투표권 중 77%를 사채권자에게 보유하도록 하여 담보부사채권자와 주주의 권리에 대하여 상대적인 우열이 유지되도록 작성되

이루어지는지 여부만을 감시하는 데 그쳤으나 1934년 법에서는 법원이 각 채권자조내의 동일 순위간의 채권자들 사이에 있어서도 소수자의 이익의 보호 등 정리계획을 적극적으로 심사하는 등 후견적 기능이 강화된 것이다. 임치용, 앞의 책, 216면.

49) Charles R. Sterbach, Absolute Priority and the New Value Exception: A Practitioner's Primer, 99 Com. L. J. 176, p.178(1994).

50) 완전하게 준수되지 않은 계획안은 채권자와 주주의 각각의 권리를 상대적으로 존중하는 상대우선원칙(The Relative Priority Rule)이다. 상대우선원칙이란 상이한 권리의 각각의 우선권은 존중하되 권리의 우열을 고려하여 각각의 조에 권리가 인정되는 것이지만, 절대우선원칙과는 달리 상위채권자의 권리의 감축이 변경을 하위채권자의 그에 상당하는 희생과 출연 없이 행해지는 것을 허용하고 또한 하위채권자가 현실적으로 채무자재산 가운데 그의 지분(equity)을 갖지 않는 경우에도 하위채권자에 대하여 계획상 권리를 인정할 수 있다는 것이다. 한국산업은행, "법정관리절차에 있어서의 정리계획 입안기준에 관한 연구", 「산업은행조사월보」(한국산업은행, 1993. 8), 61면.

51) Case v. Los Angeles Lumber Products Co., 308 U.S. 106(1939).

어 전체 담보권자의 90%의 동의를 얻었다. 이에 대하여 Case와 다른 채권자는 지분권 없는 구주주가 새로운 출자 없이 권리를 부여받는 것이 되어 채권자에 대하여 공정·형평하지 아니하다고 제소하였다.

연방대법원은 계획안이 압도적 다수로 가결되었다는 것은 공정·형평의 문제와 다른 것이고, 공정·형평이라는 표현은 구파산법이 제정되기 전에 형평법상의 수탁관리인제도하에서 법원의 해석을 통하여 확고한 의미를 가진 절대우선원칙을 의미하는 것이고, 이러한 법리가 1934년에 개정된 파산법 제77조B에서 입법화되었다고 설시하였다. 자산이 부채의 1/4수준에 불과한 본 건에서 담보부사채권자가 주주에게 주식의 23%를 양보하는 것은 절대우선의 원칙에 반하는 것이라고 판결하여 제77조B의 공정·형평은 절대우선의 원칙을 의미한다는 사실을 명확히 하였다.

다. 현행 연방파산법에서의 공정·형평의 의미

1978년 개정된 연방파산법은 절대우선원칙에 대한 비판을 수용하여 모든 조가 동의한 경우에는 절대우선원칙의 적용을 배제하고, 부동의조가 있는 경우에만 절대우선원칙을 적용하는 것으로 하였다. 다만 모든 조가 동의하는 경우에도 반대하는 소수를 위한 청산가치보장원칙을 준수하여야 하는 것으로 하였다.

1) 절대우선원칙에 대한 비판

절대우선원칙은 그 전제로서 계속기업가치(Going Concern Value)를 기준[52]으로 판단되어야 하나 계속기업가치는 추측에 불과할 뿐이고 항상 변동하는 것임에도 후순위 권리자를 무시하는 것은 가혹하고,[53] 기업의 평가를 둘러싸고 소송을 초래하여 재건절차가 부당하게 지연되는 경우가 있다. 더욱이 소규모의 사적회사에 있어서 구경영주의 역할이 기업재건에 필수적인데 절대우선원칙을 준수해야 하므로 경영주의 도움을 받을 수 없게 된다.[54] 또한 상위의 권리자도 재건절차에 있어서 응분의 희생을 치러야 하는 게 아니냐 하는 비판이 있다. 즉, 재건절차는 청산을 피하고 기업 활동을 계속하도록 하는 것이므로 청산적 가치를 상회하는 부분에 대해서는 주주 등의 하위의 이해관계자에게 어느 정도의 분배를 하여야 할 이유가 있는 것이다.[55]

2) 모든 조가 동의하는 경우

위와 같은 비판을 수용하여 1978년 개정 연방파산법은 당사자 간에 자유로운 교섭에 의하여 계획안의 내용을 정할 수 있도록 하여 당사자들의 동의가 있으면 상위권리자에게 권리의 전액을 보상하지 아니하여도 하위권리자에게 이익을 분배할 수 있도록 하였다. 즉 구연방파산법이 정리계획의 인가요건으로 정한 공정·형평성 기준이 개정 연방파산법에서는 삭제하여, 인가요건으로서 절대우선원칙의 적용을 배제하였다.[56]

---

52) Consolidated Rock Products Co. v. DuBois, 312 U.S. 510 (1941).

53) 條解 會社更生法(下), 537면.

54) 안상돈, "기업회생절차에서의 기업가치 분배기준에 관한 연구", 「해외연수검사연구논문집」 제17집 1권(법무연수원, 2001), 460면.

55) 비판에 대한 상세한 내용은 Walter J. Blum/Stanley A. Kaplan, The Absolute Priority Doctrine in Corporate Reorganizations, 41 U. Chi. L. Rev. 651(1974); 임치용, 앞의 책, 390-391면 참조.

56) Derek J. Meyer, Redefining the New Value Exception to the Absolute

210

　모든 조가 정리계획을 승인하는 경우의 인가요건은 계획안이 법령에 합치하고, 적법한 제출자가 선의로 제출하였을 것 등이다.[57] 그중 가장 중요한 것은 동의한 조[58]의 소수의 권리자가 반대한 경우 그들을 보호하기 위하여 청산가치보장의 원칙(Best Interest of Creditors Test)을 적용하여 이 기준을 통과하는 계획만을 법원이 인가할 수 있도록 한 것이다.[59] 이 원칙은 채권자에게 그가 파산절차에서 얻을 수 있는 청산가치 이상을 계획안에서 인정하여야 한다는 것이다. 즉 각 조가 모두 계획안을 승인한 경우에도 각 조에서 계획안에 반대하는 소수의 채권자 또는 주주 등을 보호하기 위한 것으로 계획안을 인가하기 위하여 계획안의 효력발생일에 있어서 채권자 또는 주주는 적어도 당해기업이 연방파산법 제7장의 청산절차에서 분배받을 수 있는 액보다도 적지 않은 금액을 받을 수 있어야 한다.[60] 이 기준은 재건계획에 반대하는 소수의 채권자 및 주주의 최소한의 이익을 보장하는 구실을 한다.[61] 각 조가 동의한 경우 공정·형평의 문제 즉, 절대우선원칙은 심사하지 않는다.

　　Priority Rule in Light of the Creditor' Bargain Model, 24 Ind. L. Rev. 417, pp.420-421(1991).

57) Bankruptcy Code §1129(a), (d).

58) 채권자조는 채권자의 과반수와 채권액의 2/3 이상을 요구하고, 주주조는 투표한 주식의 2/3 이상을 법정 다수의 요건으로 하고 있다. 또한 권리가 침해되지 아니하는(not impaired) 채권자조는 동의가 있었던 것으로 간주한다. Bankruptcy Code §1126(c)(d)(f) 참조. 어떠한 경우가 권리가 침해되지 아니한 것으로 보는가에 대해서는 Bankruptcy Code §1124에 규정되어 있다.

59) Bankruptcy Code §1129(a)(7).

60) Bankruptcy Code §1129조(a)(7)(A)(ⅱ).

61) 渡邊光誠,「アメリカ倒産法の實務」(商事法研究會, 1996), 100면.

3) 일부의 조가 부동의하는 경우

가) 절대우선원칙의 준수

모든 조가 계획안을 승인하지 않은 경우라도 적어도 권리가 축소된 조중 1개 이상의 조에서 계획안을 승인하고, 계획안이 반대하는 조를 불공평하게 차별하지 아니할 뿐 아니라 공정·형평 한 경우 법원은 반대의 조가 있음에도 불구하고 계획안을 인가할 수 있다.[62]

공정·형평성 요건의 충족은 담보권자의 경우에 ① 인정된 채권액에 대하여 담보권을 존속시키면서 계획안의 효력발생일을 기준으로 적어도 당해 담보물의 가치와 동등의 현재가치를 갖도록 분할변제하는 경우 ② 담보권자에 대하여 담보부채권과 동등한 가치(Indubitable Equivalent)를 부여하는 경우 ③ 담보물이 매각되어 그 매각대금에 대하여 담보가 설정되고 그 담보에 대하여 전기 ①과 ②의 방법이 이루어진 경우이며, 무담보채권자인 경우에는 ① 인용액에 대하여 100%의 배당을 적용하는 경우 ② 반대하는 조의 채권자보다 하위의 권리자에 대하여 아무런 지불도 하지 아니하는 경우, 주주에 대해서는 ① 주주가 몇 개의 조로 나뉘어 있고 그중 일정의 주주에 대하여 고정청산우선가격(Any Fixed Liquidation Preference) 또는 고정상환가격(Any Fixed Redemption Price)이 정해져 있는 경우에 그 조에 대하여 위 가격 또는 당해 주식의 현재가치 중 높은 것을 지불하는 경우 ② 하위의 조에 대하여 아무런 지불도 하지 아니하는 경우이다.[63] 즉 부동의 조는 구법의 절대우선의 원칙을 충족하여야만 법원이 인가를 할 수 있다.

---

62) Bankruptcy Code §1129(b)(1).
63) Bankruptcy Code §1129(b)(2).

212

나) 절대우선원칙의 예외

전술한 Case사례에서 연방대법원은 절대우선원칙과 신가치 예외 (New Value Exception)를 제시하였다. 그러나 1978년 연방파산법 개정시 절대우선원칙은 부동의 조가 있는 경우의 인가조건으로 입법되었으나, 신가치 예외에 관련한 입법은 이루어지지 않았다.[64] 신가치 예외란 구주주가 신회사에 현금 또는 현금에 상당하는 가치를 제공하면 절대우선원칙이 배제된다는 것을 의미하는 것으로 동 내용이 입법되지 않음으로 인하여 그 유효성을 의심받았지만 연방대법원은 Ahlers판결에서 신가치 예외에 대한 명확한 기준은 제시하지 않고, 다만 현재에도 유효하다고 판시하였다.[65] 이후 항소법원에서 새롭고, 중요한, 금전 또는 금전적인 가치로서 성공적 재건철차에 필요하고 구주주가 받은 가치에 합리적으로 대등하여야 한다는 기준을 제시하였다.[66] 그러나 항소법원의 판단은 구주주에게 배타적으로 신회사의 주식을 취득할 권리를 부여함으로써 입법취지를 망각했다는 비판과[67] 공정한 시장가격이 아닌 법원이 인정한 가격에 의하여 구주주가 신회사를 소유한다는 비판이 있다.[68]

---

64) Kenneth N. Klee, Cram Down Ⅱ, 64 Am. Bankr. L.J. 229, pp. 229-231(1990); Julie L. Friedberg, Wanted Dead or Alive: The New Value Exception to the Absolute Priority Rule, 66 Temp. L. Rev. 893, p.895(1993).

65) Norwest Bank Worthington v. Ahlers, 485 U.S. 197(1988).

66) In re Bonner Mall Partnership 2 F.3d 899(9th Cir. 1993); that value was: (i) new; (ii) substantial; (iii) in money or money's worth; (iv) necessary for the debtor's successful reorganization; and (v) reasonably equivalent to the value of the interest received.

67) Charles R. sterbach Sterbach, op. cit., pp.190-191.

68) Kenneth N. Klee, op. cit., p.244.

3. 회사정리법상 공정·형평의 의미

가. 현행 규정

회사정리법 정리계획안의 인가요건으로 법규적합성과 계획안의 "공정·형평성" 등을 정하고 있고(법 제233조), 정리계획안은 권리의 순위를 고려하여 "공정·형평"한 차등조항으로 작성하도록 하고 있다(법 제288조). 특히 권리보호조항을 설정하고 인가하는 경우에도 "공정·형평"하게 권리자를 보호하는 방법에 의하여야 한다(법 제234조).

1) 공정·형평의 의미

가) 인가요건으로서의 공정·형평의 의미

공정·형평에 대하여 판례는 "제233조 제1항에서 정리계획인가의 요건을 규정하고 있는 것은 회사정리절차에 있어서 우선순위가 다른 채권자들끼리의 결의에 의하여 권리변경이 이루어지므로 정리계획의 내용이 각 이해관계인 사이에 공정·형평하게 이루어질 수 있도록 함과 동시에 정리제도의 목적인 기업의 정리·재건을 달성할 수 있도록 하려는 데에 그 취지가 있다. 또한 제233조 제1항 제2호 전단이 규정하는 공정·형평성이란 구체적으로는 정리계획에 같은 법 제228조 제1항이 정하는 권리의 순위를 고려하여 이종의 권리자들 사이에는 계획의 조건에 공정·형평한 차등을 두어야 하고, 같은 법 제229조가 정하는 바에 따라 동종의 권리자들 사이에는 조건을 평등하게 하여야 한다는 것을 의미한다. 그리고 제229조 소정의

214

'평등'이라 함은 형식적 의미의 평등이 아니라 공정·형평의 관념에 반하지 아니하는 실질적인 평등을 가리키는 것이므로, 정리계획에 있어서 모든 권리를 반드시 제228조 제1항 제1호 내지 제6호가 규정하는 6종류의 권리로 나누어 각 종류의 권리를 획일적으로 평등하게 취급하여야만 하는 것은 아니고, 6종류의 권리 내부에 있어서도 정리채권이나 정리담보권의 성질의 차이 등을 고려하여 이를 더 세분하여 차등을 두더라도 형평의 관념에 반하지 아니하는 경우에는 그와 같이할 수 있는 것이지만 같은 성질의 정리채권이나 정리담보권에 대하여 형평의 관념에 반하지 아니한다고 볼 수 있는 합리적인 이유 없이 권리에 대한 감면의 비율이나 변제기를 달리하는 것과 같은 차별은 허용되지 아니한다"[69]고 한다.

결국 인가요건으로서의 공정·형평은 모든 조에서 정리계획안에 동의하는 경우에는 제228조에 따라 동종의 권리는 동일하게 이종의 권리는 다르게 권리를 부여하고, 제229조에 따라 각 조의 내부에서 실질적인 평등을 달성하면 충족하는 것이다. 한편 부동의 조가 있는 경우에는 부동의 조에 대하여 공정·형평하게 권리자를 보호하는 방법을 설정하고, 설정된 계획안이 위의 기준에 합치되면 인가요건을 충족하는 것으로 볼 수 있게 된다.

나) 정리계획안의 유형화를 통한 공정·형평의 이해

(1) 정리계획안이 모든 조에서 100%의 동의를 얻어 성립한 경우

정리계획안이 모든 조에서 100%의 동의를 얻어 성립한 경우에는

---

[69] 대법원 1998. 8. 28. 선고 98그11 판결; 대법원 1999. 11. 24. 선고 99그66 판결.

이미 살펴본 바와 같이 법원은 내용에 대한 변경을 할 수 없고, 단순히 공정·형평성 기준에 따른 인가만 할 수 있을 뿐이다. 그러면 이와 같은 경우에 인가요건이 갖는 의미는 무엇인가? 미국 연방파산법에서는 인가요건에 공정·형평성 기준이 삭제되어 있으므로 100% 동의된 정리계획안에 대해서는 법규적합성 내지는 작성과정의 문제 등만을 고려하고 인가할 수 있다. 즉 권리자 간에 권리의 분배가 적절한지에 대한 판단을 하지 않는다.

그러나 회사정리법은 인가요건으로 공정·형평성 기준을 정하고 있으므로 공정·형평성에 대한 심사를 하여야 한다. 우리나라에서는 공정·형평성이 절대우선원칙을 의미한다고 하지 않는 다는 것이 다수설[70]이고 법원의 실무[71]인데 이때 공정·형평성은 무엇을 의미하는가?

---

70) 임채홍·백창훈, 앞의 책, 184면; 김효신, "회사정리법 제233조의 공정·형평성의 의미", 「상사판례연구」(상사판례연구회, 2000), 203면; 오석락, "정리계획 수립의 의의와 그 인가조건 – 서울고법 84라41호 결정과 관련하여 – ", 「대한변호사협회지」 제105호(대한변호사협회, 1985), 28면. 이에 반해 절대우선원칙을 주장하는 견해는 남일총, 「도산제도의 경제적 분석」(한국개발연구원, 2001), 157면; 김정호·권오성, 「법정관리이야기」(자유기업센터, 1998), 51면. 오수근 교수는 우리 법이 1938년 미국법의 인가규정을 본떠서 작성되었지만 모법의 변화를 감안해 해석하여야 한다고 하고 있으므로 담보권자에 있어서는 절대우선원칙이 준수되고 정리채권자, 주주에게는 상대우선원칙을 적용하는 것으로 보인다. 오수근, "회사정리법에서 평등·공정·형평의 개념", 「민사판례연구」 제22집(박영사, 2000), 390면; 임치용 판사도 미국의 현행 파산법의 입장과 동일하다고 한다. 임치용, 「파산법연구」(박영사, 2004), 451-452면. 김재형 교수는 회사정리법은 상대우선원칙에 입각하고 있지만 주주와의 관계에서 정리회사가 채무초과시인 경우에는 발행주식의 전부소각도 가능하므로 절대우선원칙을 배제한 것은 아니고 그 적용은 학설과 실무에 맡겨져 있다고 한다. 김재형, 앞의 논문, 289면.

71) 서울지방법원은 절대우선원칙을 채택한 사례는 없고, 기본적으로 상대우선원칙에 의하여 판단하고 있다고 한다. 서울지방법원, 앞의 책, 275면.

위의 판례에서처럼 인가요건으로서의 공정·형평이 단순히 제228조의 공정·형평한 차등이나 제229조의 동종 권리자에 대한 평등조건을 의미하는 것으로 보는 것은 너무 안이한 판단 같다.[72] 제228조와 제229조의 위반은 제233조 제1항 제1호의 '계획이 법률의 규정에 합치될 것'을 갖고도 충분히 설명이 될 수 있음에도 불구하고 추상적인 용어를, 더욱이 모법에서 이미 권리자 상호간에 절대우선원칙을 적용하여야 하는 것으로 확립된 용어를 아직도 사용한다는 사실에 당위성을 부여하고, 회사정리법의 인가요건이 미국의 그것과 내용은 갖으나 실무에서는 절대우선원칙이 아닌 상대우선원칙으로 작성된 계획안이 인가되고 있는 이유를 찾아야 한다.

1978년 법에서 인가요건으로의 공정·형평이 삭제되고 부동의조가 있는 경우 권리보호조항을 설정하고 인가하는 경우(Cram Down)시에만 공정·형평의 기준이 제시된 것은 미국 연방파산법에서 공정·형평이라는 개념의 역할이 일반적인 지도원리에서 절대우선원칙을 의미하는 좀더 구체적인 의미로 변화된 것[73]이지만, 회사정리법은 아직도 인가요건으로 공정·형평이 존재하고 있으므로 동 조항은 이해관계인의 권리보호를 위한 회사정리법상의 일반조항 및 권리자 보호를 위한 최후의 안전장치[74]로 이해하여야 할 것이다.

(2) 정리계획안이 각 조별 법정 가결요건만을 충족한 경우

정리계획안이 각 조별 법정 가결요건만을 충족한 경우는 즉 부동의하는 권리자가 있으나 법정 가결요건을 충족한 경우 반대한 소수

---

72) 오수근, 앞의 논문, 395면.
73) 오수근, 앞의 논문, 390면.
74) 오수근, 앞의 논문, 396면.

자를 포함하여 정리계획안을 인가할 때 공정·형평성 기준이 어떻게 작용하는 가와 관련한 문제이다.

정리계획안의 수립은 이해관계인의 동의(가결)를 전제로 한 것이나, 이해관계인의 동의라 하여도 이는 법정 다수에 의한 동의를 전체의 의사로 의제하는 것일 뿐이다. 또한 정리절차에서 이해관계인은 전혀 우연한 사정으로 정리절차에 참가하도록 강제되고, 권리행사에 제한을 받는 것이므로 공통의 목적하에 자유로운 의사에 기하여 결성된 단체에서의 의사결정과는 달리 다수결에 의한 동의의 의제는 적극적이든 소극적이든 관계없이 반대자가 있는 한 그 자에 대해서는 정당하게 될 수는 없다. 반면에 정리절차가 일종의 청산절차라고 하더라도 이는 기업의 해체에 의한 청산이 아니고 그 목적이 궁극적으로 기업의 유지재건이기 때문에, 다수결제도를 배제한다면 회사정리법의 기능이 반감하게 된다. 따라서 정리절차에 있어서의 다수결제도는 본질적인 것이 되는 것이므로 다수결에 의하여 소수반대자를 구속하는 것이 정당하다고 인정될 실질적·합리적 근거가 필요하게 된다.[75]

그 근거는 회사정리법이 사회공공의 이익보호를 목적으로 하는 것이라는 점과 정리계획이 공정하게 입안되고 동시에 그 내용 특히 이해관계인의 권리의 처리가 공정하고 합리적으로 정해져야 한다는 점, 그리고 그러한 것들이 절차상 법원에 의하여 보장되고 있다는 점에서 찾을 수밖에 없다.

또한 정리절차가 청산적 성격을 갖고 있다고는 하나 엄격한 청산원리를 적용하는 것은 불가능하다. 만일 정리절차가 완전하게 청산적 성격을 고수한다면 권리의 분배에 절대우선원칙이 반드시 적용

---

75) 한국산업은행, 앞의 논문, 44-46면.

될 것이며, 절대우선원칙이 적용되는 한 이해관계인의 동의가 필요 없기 때문이다. 즉, 법정 다수결을 도입하여 그 결과에 대하여 채권자 전원을 구속하는 것은 화의적 성격을 도입하여 이해관계인의 이해를 조정하기 위함이다.

결국 특정의 입장에 있는 청구권자들이 단지 다수라는 이유만으로 그와 입장을 달리하는 소수의 견해를 불합리하게 묵살할 위험을 방지하는 국면에서 회사정리법의 인가기준인 공정·형평성 기준은 기능한다.

(3) 권리보호조항을 설정하여 성립한 경우

일부의 조가 부동의하는 경우에 법원에 의하여 권리보호조항을 설정되었지만, 동 정리계획안도 인가요건으로서의 공정·형평성 기준에 부합하여야 인가가 된다. 어찌 보면 정리계획안의 작성자와 인가자가 동일하게 법원인데 새삼스럽게 인가기준을 충족시켜야 할 필요성이 없어 보인다. 그러나 권리보호조항의 내용이 되는 각 조항은 개별적으로 의미를 갖는 것이고 이것도 물론 제234조 제1항 제4호에 의하여 공정·형평 하여야 하지만, 제228조와의 관계에 있어서 공정·형평의 문제가 발생할 수 있다.

정리절차는 이해관계인의 권리를 조정하는 절차로, 한정된 회사재산을 권리자에게 분배하는 제로섬게임이다. 즉 특정 권리자에 대한 분배가 많으면 다른 권리자는 그만큼 자신의 몫이 줄어들게 되어 있는 구조이다. 따라서 부동의하는 조에 대한 권리보호조항의 내용에 따라 다른 조의 권리가 훼손될 수도 있다.

공정·형평성 기준은 이해관계인이 정리계획에 의하여 보상받아야 할 가치와 다른 권리자 간의 권리조정의 기준이고, 권리보호조항의 적용을 받은 조를 포함한 모든 조는 동일한 기준에 의하여 보상을 받아야 한다. 따라서 권리보호조항에 의하여 부여되는 보상이 하위권리자의 계획상의 권리보다도 실질에 있어서 불리한 경우에는 그것은 권리보호의 기능을 부여하지 못하는 것이므로 공정·형평성 기준을 위배한 것이 된다.[76]

(4) 같은 성질의 권리자를 차별하는 계획안이 성립된 경우

정리계획안이 같은 조임에도 불구하고 조건이 다르게 작성된 경우 제229조와의 관계에서 정리계획안의 인가요건에 부합한가의 문제이다. 먼저 법 제229조는 정리계획의 조건은 "같은 성질의 권리를 가진 자 간에는 평등"하여야 한다고 정하고 있고, 여기에서의 평등의 의미는 형식적 의미의 평등이 아니라 공정·형평의 관념에 반하지 아니하는 실질적인 평등을 가리키는 것이므로 정리계획에 있어서 모든 권리를 반드시 제228조 제1항 제1호 내지 제6호가 규정하는 6종류의 권리로 나누어 각 종류의 권리를 획일적으로 평등하게 취급하여야만 하는 것은 아니고, 6종류의 권리 내부에 있어서도 정리채권이나 정리담보권의 성질의 차이 등 합리적인 이유를 고려하여 이를 더 세분하여 차등을 두더라도 공정·형평의 관념에 반하지 아니하는 경우에는 합리적 범위 내에서 차등을 둘 수 있는 것[77]이다.

따라서 제229조의 평등은 제228조의 권리의 순위를 고려하여 권리에 차등을 두되, 정리계획안의 승인을 위한 법정 다수의 다수결

---

76) 신종신, "채권자가 동의하지 아니한 회사정리계획안에 대한 법원의 인가", 「산은조사월보」(한국산업은행, 1991. 12), 74면.
77) 대법원 2000. 3. 30. 선고 2000마993 판결.

에 대한 폐해를 방지하기 위하여 같은 성질의 권리를 동일하게 처리하여 소수자를 보호하는 역할[78]에 의미가 있는 것이다.

결국 평등은 같은 성질의 권리자를 동일하게 취급한다는 의미에 지나지 아니하므로 평등의 대상이 되는 같은 성질의 권리를 결정하는 기준, 즉 합리적으로 같은 성질의 권리를 구분하였는가를 심사하는 것이 공정·형평성 기준에 부합하는 가를 결정하게 된다.[79] 다만 불평등을 받는 자가 동의한 경우에는 평등의 원칙이 적용되지 않아도 공정·형평성 기준을 준수한 것으로 보아야 한다.[80]

이때의 공정·형평은 제228조의 각 권리자별 차등의 정도를 결정하는 기준이기도 하다.

(5) 청산가치를 보장하지 아니하는 계획안이 성립된 경우

대법원은 청산가치를 보장하지 아니하는 계획안에 대하여 "정리담보권자가 회사정리절차에서 정리계획에 의하여 변제 받은 금액은 최소한 정리회사가 회사정리절차를 거치지 아니하고 곧바로 청산되는 경우보다 많아야 한다는 주장은 독단적인 견해에 불과하여 채용할 수 없다"고 적시하면서 공정·형평성 기준을 위반하지 아니하였다고 판시하였다.[81]

그러나 이미 위의 '나. 정리계획안이 각 조별 법정 가결요건만을

---

78) 임채홍·백창훈, 앞의 책, 194면.

79) 채무초과 여부를 고려하여 주식소각을 결정한다면 '채무초과 여부'를 고려한다는 사실이 공정·형평성 기준이 되는 것이고(김재형, 앞의 논문, 294면), 정리담보권자를 구분할 때 '담보물'과 '우선순위'를 고려한다면 바로 그것이 공정·형평성 기준이 되는 것이다(오수근, 앞의 논문, 394면).

80) 김재형, 앞의 논문, 294면.

81) 대법원 2000. 1. 5. 선고 99그35 판결.

충족하여 성립한 경우'에서 언급하였듯이 정리절차는 청산적 성격에 회의적 성격을 도입하여 다수결로 반대하는 소수자를 기속하는 구조이다. 그럼에도 불구하고 그 타당성이 인정받는 이유는 관념적 청산절차인 정리절차에서 청산가치 보다 큰 계속기업가치를 분배의 기준으로 삼아 다수결[82]로 청산가치 이상을 분배[83]하는 계획을 작성하여야만 공정·형평성 기준에 위배되지 않기 때문이다.

3) 소결

이상의 각 유형별 공정·형평기준의 의미를 요약하면, 공정·형평은 회사정리법상의 일반조항으로 권리자 보호를 위한 최후의 안전장치이며, 다수결에 의하여 반대하는 소수자를 기속하는 기준이고, 이해관계인이 정리계획에 의하여 보상받아야 할 가치와 다른 권리자 간의 권리조정의 기준으로 때로는 같은 성질의 권리를 결정하는 기준, 즉 합리적으로 같은 성질의 권리를 구분하였는가를 심사하는 기준, 마지막으로 반대자에게 청산가치 이상을 부여하는 정리계획의 실질적인 통제수단으로 기능한다고 할 수 있다.

---

82) 다수결은 절차진행의 신속을 위한 수단일 뿐이다.

83) 계속기업가치가 청산가치보다 커서 회사정리절차를 진행시키면서 채권자에게 청산가치보다 적게 변제하는 것으로 하고, 동 정리계획에 일부의 반대가 있었다면(법정인가요건은 충족) 반대한 자에게는 당해 채권자의 재산의 일부가 타인에게 임의로 이전되는 것이 되므로, 헌법에 규정된 재산권보호의 원칙에 반하게 된다. 따라서 회사정리법의 법리상 당연히 반대의 자가 있는 경우에는 청산가치보장을 전제로 하게 되는 것이다. 오수근, "청산가치를 하회하는 정리계획안의 당부",「민사판례연구」제23집(박영사, 2001), 585면 참조.

나. 통합도산법(안)

1) 청산가치보장원칙의 도입

통합도산법(안)은 "회생계획에 의한 변제방법이 채무자의 사업을 청산할 때 각 채권자에게 변제하는 것보다 불리하지 아니하게 변제하는 내용일 것. 다만 채권자가 동의한 경우에는 그러하지 아니하다"(법안 제243조 제1항 제4호)라고 인가요건을 추가하여 청산가치보장원칙의 도입을 분명히 하였다. 현행 인가구조에서는 그 내용에 불구하고 판례에서 청산가치보장원칙을 준수의 주장은 독단적인 견해라고 하여 청산가치보장원칙이 준수 여부는 인가기준에 저촉되지 않는 것으로 해석되었었다.

이에 대하여 단서 조항을 특수 관계자에 한하여 적용하는 것으로 변경하여야 한다는 견해가 있다.[84]

2) 평등원칙의 예외

같은 성질의 권리자는 동일하게 취급하여야 하는 것이고, 같은 성질의 권리에 대한 판단의 합리적인 근거는 인가기준인 공정·형평성 기준을 통하여 판단하는 것이다. 이에 대하여 통합도산법(안)은 그동안 판례로 인정되었던 합리적인 차별의 구체적 내용을 명문으로 적시하였다. 회생절차 개시 전에 채무자와 특수 관계에 있는 자의 채무자에 대한 금전소비대차로 인한 청구권, 채무자가 특수 관계에 있는 자를 위하여 무상으로 보증인이 된 경우의 보증채무에

---

84) 박승두, 「한국도산법의 선진화 방안」(법률SOS, 2003), 376-377면.

대한 청구권, 채무자를 위하여 보증인이 된 경우 채무자에 대한 보증채무로 인한 구상권에 대한 청구권에 대해서는 평등원칙의 적용을 배제하도록 하였다(법안 제218조 제2항 제1호 내지 제3호).

제4절 우리법상 인가기준의 문제점과 개선방안

1. 현행 인가기준의 문제점

가. 기준의 모호성

회사정리제도의 목적과 관련해서 정리절차를 통하여 얻고자 하는 바는 무엇인가? 역사적으로 보면 기업회생절차는 개별적 채권추심을 하면 변제 받을 수 있는 금액이 적거나 채권추심자체가 곤란한 경우 기업 전체를 채권추심에 이용하여 채권추심액을 극대화하기 위하여 시작되었다.[85] 또한 채권자는 모든 채권을 가급적 빨리 회수하려고 할 것이나, 정리회사 및 그 경제적 소유주인 주주는 계속기업가치가 청산가치보다 크므로 채권자에게 기한의 이익을 얻거나, 최소한의 변제로 부채를 정리하고 새 출발을 하려고 할 것이다. 그런데 회수와 변제와의 접합 점이자 채권추심액의 극대화를 위하여 이용되는 방법이 미국에서는 주로 자본구조의 재분배가 이용되었고,[86] 우리나라는 1990년대 후반까지 변제기의 유예에 따른 분할

---

85) 오수근, "회사정리제도에 관한 실증적 연구", 「상사법연구」 제16권 제2호(한국상사법학회, 1997), 498면.

변제의 방법이 주로 이용되었다.[87]

이와 같이 정리제도의 목표는 같으나 그 지양점이 다른 이유는 미국에서는 자본시장이 발달되어 새로이 발행된 증권이 시장가치를 가지고 있으나, 우리나라에서는 건전하고 성장성이 있는 기업의 증권이 발행되어도 그 가치를 인정할 시장이 부족하고 정서적으로 증권과 현금을 동등한 가치로 인정하지 않으며 도산기업의 지분권에 대한 인식의 부재 때문이다.[88]

이러한 사실을 바탕으로 공정·형평성 기준의 등장배경을 재해석하면 결국 주주와 채권자 간에 우열에 관한 다툼을 해결하기 위하여 등장하였음을 알 수 있다. 공정·형평성의 사실상 기준인 절대우선원칙은 주주와 채권자 간에 우열은 본질적으로 채권자가 우선한다는 절대적인 명제를 재확인한 것일 뿐이다. 그리고 현재에도 Cram down시에는 이 원칙이 준수되고 있으며, 절대우선원칙의 포기에 따라 소수자를 보호하기 위하여 청산가치를 보장하고 있다.

그러나 과거 우리나라의 정리계획안은 주로 현금변제를 수단으로 이용하고 있어 미국식의 공정·형평성 기준, 절대우선원칙 혹은 상대우선원칙이 반드시 적합한지에 대한 검증이 되지 않았다. 즉 정리계획안 인가를 목적으로 수행가능성을 배제하고 향후의 수익률을 상향조정하면 변제할 금액이 많아지게 되므로 채권자들은 이러한

---

86) 임치용, 앞의 책, 445면.

87) 법 제213조에 의하면 채무의 기한이 유예되는 경우에는 그 채무의 기한은 10년(1998년 개정 전에는 20년으로 되어 있었음)을 넘지 못한다고 되어 있다. 그리고 실무에서는 동 규정을 변제계획의 최종기에는 채무가 전액 변제되어야 한다는 의미로 사용되고 있다. 오수근, "회사정리계획안의 변제계획에 관한 연구", 「상사법연구」 제18권 제2호(한국상사법학회, 1999), 363면.

88) 한국산업은행, 앞의 논문, 56면.

계획에 반대할 이유가 전혀 없게 된다. 결국 정리계획안의 인가기준은 변제율(혹은 채권면제, 이자감면율)이 적정한지에 대한 심사기준이 되는 것이나, 변제자금은 향후 영업수익률 혹은 차입에 의존하게 되므로 현실성이 없게 된다. 정리절차의 성공률이 저조한 것이 이를 반증한다.[89]

결국 정리계획안의 작성이 실현가능성 보다는 채권자집회의 승인을 목적으로 작성되고, 법원은 이에 대한 분명한 근거 없이 인가를 남발한 것이다.[90] 이 모든 것이 모호한 인가기준으로 인하여 발생하는 문제인 것이다.

나. 채권자의 무관심

정리회사의 금액 면에서 절대우위를 점하고 있는 채권자는 은행을 비롯한 금융기관이고, 대다수가 정리담보권자로 권리의 최상층에 자리 잡고 있다. 따라서 정리계획안의 은행 등으로부터 동의를 얻을 수 있는 방향으로 작성된다. 그러나 이들 채권자가 회사정리법이 의도한 합리적인 의사결정을 하고 있지 않으므로[91] 법원의 인가대상인 정리계획안의 작성자체에 문제가 발생하게 된다. 잘못 작성된 정리계획안을 공정·형평하게 인가하여도 역시 그 계획안은 잘못 된 것이다. 그러나 현실적으로 법원은 회사정리절차가 재건을

---

89) 정리절차의 성공률은 1983년부터 1997년까지는 45%, 1993년부터 1997년까지는 32%이다. 이인재, "회사정리사건의 현황과 전망", 5면; 오수근, 앞의 논문, 주12에서 재인용.

90) 같은 취지 오수근, 앞의 논문, 367면.

91) 우리나라의 은행은 주식회사 임에도 불구하고 오랫동안 정부의 사실상 지배하에 종속되어 이윤극대화라는 목적에 충실하지 못하였다. 오수근, 앞의 논문, 367면.

목적으로 하는 것이고 다수가 찬성하는 이상 실체법상의 순위를 다소 침해당하더라도 일부 채권자들이 양보하는 것이 당연하다는 법의식으로 정리계획안을 인가하였다.[92] 즉 공정·형평성에 대한 판단보다는 채권자들의 합의를 중요시하였다. 이와 같은 방식은 당해 사안의 처리에는 유리할지 모르나 결국에는 기업회생 제도의 불신을 불러오게 될 것이다. 더불어 정리계획안의 내용이 법률적인 것보다는 경제적 가치와 관련된 문제가 많아 법원으로부터의 합리적인 결정을 기대하는 것도 무리가 있다.

결국 권리위에 잠자는 자는 보호받지 못한다는 법의 영원한 명언과 같이 정리계획안 작성 시부터 채권자 스스로 자신의 권리행사에 최선을 다하는 수밖에 없다.

2. 개선방안

가. 공정·형평조항의 존치 여부

인가기준으로서 공정·형평조항은 이미 서술한 바와 같이 일반조항이고, 그 의미 또한 명확하지 않다. 그러나 아직도 미국 파산법에서는 공정·형평은 절대우선원칙의 준수라고 이해되고, 조별 인가를 못 얻은 계획안에 대하여 법원이 강제인가를 하는 경우에만 인가기준이 된다. 이에 반하여 각 조별 법정 다수의 동의를 얻은 계획안은 청산가치보장원칙이 준수되는 경우 인가가 되도록 되어 있다. 이와 견주어 회사정리법의 인가구조는 절대우선원칙과 청산가치보장원칙을 준수하지도 않으면서 법원이 공정·형평성 기준에 대

---

92) 임치용, 앞의 책, 446면.

한 심사를 하도록 하고 있다. 심사에 대한 기준이 없는 것이다. 다만 동종의 권리자 간에 평등, 각 권리의 순위를 고려한 합리적 차별 등의 구체적 조항에서 실현되는 정리계획의 내용에 대한 판단은 법규적합성으로 판단하는 것이 법원의 재량에 대한 기속으로서 더욱 의미가 있을 것이다.

이미 개정안에 청산가치보장원칙이 규정되어 있으므로 인가기준으로 공정·형평성기준을 포기하고 이미 회생계획의 내용으로 작성되도록 규정된 내용에 대한 준수여부만을 심사하는 것이 타당할 것이다.

나. 인가에 대한 항고적격

현재 및 통합도산법상의 인가구조하에서 인가 결정에 대한 항고권자에 대한 제한은 정리채권, 정리담보권, 주주로의 신고 여부 이외에는 없다. 다만 항고보증금으로 항고의 진정성을 담보하도록 하고 있다. 그러나 정리계획안에 대하여 법정 다수로 가결하였고, 반대하는 소수도 청산가치 이상을 변제받는 것으로 정리계획안이 작성되어 인가되었다면, 과연 정리계획안이 공정·형평에 반한다고 항고를 제기하도록 인정할 실익 여부이다.

적어도 청산가치보장원칙이 준수된 가운데 법정 다수로 가결된 조에 대해서는 정리계획에 대하여 공정·형평을 원인으로 항고를 제한하여야 할 것이고, 다만 법원이 권리보호조항을 설정하여 인가한 경우에는 권리보호조항의 공정·형평성여부에 대한 항고가 가능하도록 제한하는 것이 절차의 간이화에 보다 도움이 될 것이다.[93]

---

93) 임치용, 앞의 책, 451면.

제6장 결　론

　　이상에서 회사정리절차에 참여하는 이해관계인의 실체법상 권리를 정리절차의 진행에 따른 시간적인 흐름에 따라 세 단계로 나누고, 각 단계별로 현재 운용되는 제도에 대한 해석론과 그에 따른 권리제한의 문제점을 적시하였고, 제시한 문제점과 관련된 통합도산법(안)의 내용의 비판을 포함한 개선방안에 대하여 연구하였다.

1. 회사정리절차상 이해관계인의 범위

　　먼저 논의의 대상이 되는 이해관계인의 범위를 확정함에 있어 정리절차에 참여하는 각 권리자가 갖는 권리의 내용을 구분하여 파악하였다. 각 권리의 내용은 공익채권, 정리채권, 정리담보권, 주주권으로 구분될 수 있다. 특히 각 권리의 내용 중 이 책의 주제와 밀접하게 관련된 정리채권 및 정리담보권에 관해서는 그 개념 및 범위를 상세하게 검토하였다.

　　정리담보권의 범위를 결정함에 있어 주로 문제되는 것은 담보권, 즉 자산의 평가문제이다. 담보권의 평가문제는 세 가지 측면에서 중요하다. 첫째 정리채권자와 정리담보권자를 구분하는 기준이 된다. 둘째 정리절차에서 주주의 의결권을 인정하는 기준이 된다. 셋째 자산의 평가문제는 청산가치를 결정하므로 결국 개시 결정의 여부를 결정하는 중요한 기준이기도 하다.

또한 담보권의 평가와 관련한 실제적인 문제는 평가시점과 평가방법이다. 그러나 이와 관련해서 회사정리법은 일본 회사갱생법과 달리 이를 정하고 있지 않다. 평가시점과 평가방법에 따라 자산 및 담보권의 가치가 변동되는 사정을 감안할 때, 입법적으로 해결하는 것이 가장 바람직하나 통합도산법(안)에서도 이를 입법적으로 해결하고 있지 않고 있다.

자산의 평가문제를 유발하지 않는 새로운 방법으로 Bebchuk 교수 및 오수근 교수가 제안한 방법이 있다. 그러나 이와 같은 방안은 자본시장의 발달을 전제로 하고 있으므로 자본시장이 발달하지 않은 우리나라에서는 즉시 적용하기 어려운 단점이 있다.

결론적으로 자산의 평가문제 중에서 담보권자의 처리문제에 한정해서 담보권자에게 감정가만큼의 권리를 인정하고, 경매실행권을 부여하면서 주주 및 정리채권자가 낙찰가만큼으로 담보물권을 우선적으로 매수할 기회를 부여하거나, 낙찰자가 정리담보권자의 권리를 대신해서 낙찰금액으로 정리담보권자가 되어 정리절차에 참여하는 방법을 모색하여 볼 수 있다.

2. 정리절차 개시 전 임시적 권리제한

정리절차의 이해관계인의 범위를 확정한 이후 정리절차 개시 신청부터 정리절차 개시 결정 전까지 임시적으로 정리대상 회사 및 이해관계인의 권리를 제한하는 보전처분과 중지명령의 적정성을 판단하고 통합도산법(안)이 추가적으로 제시한 포괄적 금지명령을 포함하여 그 개선방안을 제시하였다.

보전처분은 정리대상 회사의 재산 등의 처분을 금지하고, 관리운영에 관한 경영진의 권리를 제한하는 것이지만, 현실적으로 정리절차의 신청과 보전처분의 신청이 정리회사에 의하여 신청되는 사정을 감안할 때 정리회사의 권리를 제한하는 것 이라기보다는 채권자의 권리를 제한하는 것으로 볼 수 있다. 또한 중지명령은 채권자의 정리회사에 대한 담보권 실행을 위한 경매, 강제집행 등을 중지하는 절차로 채권자의 권리를 제한하는 것이다. 다만 중지명령 시 채권자의 손해를 끼칠 염려가 있는가에 대한 판단을 하도록 하고 있어 일부 권리침해의 소지를 해소하고 있다.

정리절차의 목적이 회생가능한 회사의 이해관계인의 이해를 조정하여 재건하는 것이고, 재건을 위하여서는 영업의 기본이 되는 자산을 현재의 상태로 유지할 필요가 있다. 그리고 정리제도가 모든 이해관계인에게 유익한 것이라면 정리절차의 성공적인 수행을 위하여 권리행사를 시도하는 특정 채권자의 권리를 제한하는 것이 이해관계인에 대한 권리제한이라고 보기는 어렵다. 다만 언제나 모든 채권자의 이익이 권리가 제한되는 특정 채권자의 이익보다 크다고 할 수 없으므로 이에 대한 비교 및 구제방안을 강구하여야 하는 문제도 대두된다. 이 책에서는 모든 채권자의 이익과 권리행사를 제한받는 채권자의 이익비교는 시도하지 않았지만, 보전처분과 중지명령이 모든 채권자 및 정리회사에게 이익이 된다는 전제하에 그 제도가 정리절차의 목적에 부합하게 기능하고 있는가에 대한 판단을 하였다.

이와 관련하여 통합도산법(안)은 포괄적 금지명령을 채택하였다. 포괄적 금지명령은 한번에 모든 종류의 채권자의 권리행사를 금지하는 효과가 있으나, 본질적인 단점인 정리절차의 신청과 포괄적 금지명령에 따른 효과가 발생하는 시간적 차이에 있어서 근본적인 해결책이 되지 못한다.

포괄적 금지명령의 도입과 관련하여 정리절차의 신청과 동시에 집행 및 처분에 관련한 일체의 행위가 자동적으로 중지되는 특징을 갖고 있는 미국 연방파산법상의 자동정지제도의 도입과 관련된 논의가 있었으나, 부정수표단속법의 회피수단 및 채무변제의 유예수단으로 악용될 소지가 있다는 등의 이유로 도입이 부정되었다.

결론적으로 현행법상의 보전처분, 중지명령과 통합도산법(안)의 포괄적 중지명령, 미국 연방파산법상의 자동정지제도는 정리제도의 목적달성을 위하여 필요로 하는 정리회사의 기본 자산을 보호하고 채권자를 보호하는 제도이다. 그렇다면 그 선택의 기준은 이러한 목적달성에 가장 효과적인 제도가 선택되어야 하는 것이다. 즉 정리절차 신청만으로 모든 효과가 자동적으로 발생하는 자동정지제도가 현재의 제도 및 통합도산법(안)의 제도보다는 보다 효과적으로 정리회사의 자산을 보호할 것이다. 그러나 그 효과가 막강한 점 때문에 채권자의 권리를 침해할 수 있다는 비난이 있을 수 있다. 그러나 정리제도가 모든 이해관계인에게 이익을 가져다준다는 전제하에서는 반드시 단점이 될 수 없을 것이고, 신속한 구제방법이 보장된다면 여타의 제도보다 효과적이라고 본다.

3. 정리절차 개시 결정에 따른 절차적 권리제한

현행법하의 대표적인 회생제도로는 화의법상의 화의와 회사정리법상의 회사정리제도를 들 수 있다. 일명 법정관리라고 불리는 정리제도는 그 운영방식에 있어 법원을 통한 강력한 진행과 정리절차 개시 전 모든 이해관계인의 권리를 획일적으로 처리하는 것을 특징으로 하고 있다. 특히 당사자 간에 합의로 성립한 정리계획이 법원의 인가를 받게 되면 정리절차 개시 결정 전에 정리회사에 대한 모든 권리는 정리계획에 따라서 변경된다. 즉 정리계획에 포함되지 않은 권리는 실권하는 것이다. 이와 같은 효력으로 인하여 정리절차 개시 이전 정리회사에 대한 권리를 갖고 있는 모든 이해관계인은 정리절차에 참여를 강제 받게 된다.

정리절차에 참여가 강제되고 있으나, 이해관계인이 정리절차에 참여하려면, 정리절차의 진행사실을 알아야 한다. 회사정리법은 이해관계인에게 정리절차 진행사실을 송달하고 권리를 신고기간 안에 신고하도록 하고 있다. 그러나 현실적으로 수많은 이해관계인 모두를 파악하는 것도 불가능하고, 파악한 사람의 주소에 송달하여 권리를 신고하도록 하는 것도 불가능하다. 따라서 불측이 피해를 입는 채권자가 발생하게 된다. 특히 기존에 집행권원을 취득한 권리자 및 부동산등기부등본 등 객관적인 사실로 그 권리가 인정되는 권리자까지 미신고를 이유로 정리계획에서 배제되고 이로 인하여 실권하는 문제도 발생하였다.

또한 주주는 신고기간 이내에 신고를 하지 않아도 정리채권자 및 정리담보권자와는 달리 실권하지 않고, 신고기간 이내에 신고한 주주가 적은 경우 신고기간의 연장이 가능한 점은 채권자에게 추완신고의 사유를 제한하고 있는 점과 상당한 차별을 유발하고 있다.

이와 관련하여 통합도산법(안)은 관리인으로 하여금 채권자목록을 제출하고 동 목록에 기재된 권리자에게는 신고를 의제하여 권리자 보호에 더한층 노력한 흔적을 보이고 있다. 그러나 관리인이 제출한 채권자목록의 신뢰성을 확보할 제도적인 장치가 부족하다고 본다.

따라서 정리절차 개시 및 권리 신고기간에 대한 송달은 현재의 실무와 같이 운용하면서 송달을 받지 못한 권리자에 대해서는 추완신고 사유에 제한을 두지 않음으로써 실질적으로 채권자의 권리를 제도적으로 보완하는 방법이 모색될 수 있다. 물론 정리계획의 수행가능성에 대한 부정적인 영향을 미치는 것은 부인할 수 없지만, 그렇다고 정리절차의 진행을 알지 못하는 정당한 권리자의 권리를 제한할 합법적인 근거도 없다.

더불어 관리인이 제출하는 채권자목록의 신뢰성을 확보하기 위하여 관리인이 제출한 채권자목록에서 제외된 채권자에 대해서는 권리의 실권을 배제하고 관리인이 채권자목록 누락에 대한 선의를 입증한 경우에 한하여 실권을 인정하는 것이다.

마지막으로 관리인이 제출하는 채권자목록의 권리자 이외에 객관적으로 권리의 존재사실이 입증되는 권리자에 대해서는 채권신고를 의제할 필요성이 있다. 즉 등기부상에 등기된 담보권자, 법원의 변제허가를 받은 채권자 등의 채권자는 채권신고를 하지 않아도 관리인 및 법원이 그 권리의 존재사실을 알고 있기 때문이다.

4. 정리계획 인가에 따른 실체적 권리제한

정리절차에 참여한 이해관계인은 법원이 승인한 정리계획에 따라 정리회사에 대한 권리가 변경된다. 그리고 법원의 인가대상 정리계획안은 관리인 및 이해관계인이 제출한 계획안에 대하여 채권자집회에서 각 조별 인가요건에 부합하게 가결된 계획안 혹은 법원이 권리보호조항을 정한 계획안이다. 이와 같은 계획안에 대하여 법원은 회사정리법이 정한 인가요건에 부합하는 경우에 인가를 할 수 있다. 회사정리법은 법규적합성, 수행가능성, 공정·형평성 등을 인가요건으로 정하고 있다. 따라서 이와 같은 인가요건이 직접적으로 이해관계인의 권리에 영향을 미치는 것으로 볼 수 있어 인가요건을 명확히 할 필요가 있다.

그런데 회사정리법은 일본의 회사갱생법을 일본은 미국의 연방파산법을 계수하여 제정된 법이고, 정리절차의 구조 및 인가요건에 있어 이들 법과 유사한 구조를 갖고 있다.

먼저 미국 연방파산법상 공정·형평성 기준은 그 입안 시부터 절대우선원칙, 즉 상위의 권리자의 권리는 언제나 하위의 권리자에 우선한다는 원칙의 법적 표현임을 분명히 하였다. 현행 연방파산법은 이해관계인이 법정요건을 충족하여 성립한 정리계획안에 대해서는 절대우선원칙을 포기하는 대신 연방파산법 제7장의 청산사건으로 받을 수 있는 가치보다 큰 가치를 정리계획에서 부여받아야 한다는 청산가치보장원칙을 선택하였다. 더불어 정리계획안이 법정가결요건을 충족하지 못한 경우에만 절대우선원칙을 준수하는 것으로 하였다.

우리 회사정리법상 공정·형평성 기준은 처음부터 절대우선원칙의 의미로 해석되지 않았다. 따라서 현행 미국 연방파산법과 유사한 해석을 하였던 것이다. 그러나 대법원이 청산가치보장원칙의 적용도 없는 것으로 판결을 함으로써 정리절차에 참여하는 법정가결요건 이내에 포함되는 반대하는 소수의 보호에 관련한 문제가 제기되게 되었다. 그리고 인가된 정리계획에 대하여 정리계획안 성립 시 찬성한 이해관계인도 공정·형평성 위반을 이유로 항고할 수 있도록 하고 있어 정리절차의 진행이 방해되는 모순도 발생하게 되었다.

통합도산법(안)에서는 청산가치보장원칙을 채택하여 법정가결요건 범위이내의 소수 이해관계인의 보호에 충실을 기하고 있으나 항고권자를 제한하지는 않았다. 결국 절차의 빠른 진행을 위하여서 항고권자를 제한할 필요성이 있으며, 모법에서와 다른 의미로 사용되는 공정·형평성 조항을 현실에 맞게 변경할 필요가 있다.

이 책을 통하여 제시된 회사정리법상 이해관계인의 권리와 관련된 문제점과 개선방안이 앞으로 통합도산법(안)의 시행에 하나의 참고자료가 될 수 있을 것이다. 궁극적으로는 회생제도의 효율적 운용과 이해관계인의 권리보장에 도움이 되지 않을까 기대해본다.

참고문헌

1. 국내문헌

【단행본】

고동수, 퇴출장벽 제거를 위한 파산관련제도의 개선방안, 산업연구원, 1998.

곽윤직 대표집필, 민법주해(Ⅶ), 박영사, 1997.

김정호・권오성, 법정관리이야기, 자유기업센타, 1998.

남일총, 도산제도의 경제적 분석, 한국개발연구원, 2001.

대구지방법원, 회사정리사건처리실무, 대구지방법원, 1998.

박승두, 한국도산법의 선진화방안, 법률SOS, 2003.

______, 도산법총론(역사・현황・전망), 법률SOS, 2002.

법무법인 세종・Orrick, Heerrington&Sutcliffe LLP,

　　　　도산제도개혁을 위한 컨설팅 용역 도산법 최종 권고안, 2000.

법원실무제요 민사집행(Ⅱ), 법원행정처, 2003.

변재승 외, 서울민사지방법원의 회사정리사건 처리실무, 사법논집(25집), 법원도서관, 1994.

서울지방법원, 개정판 회사정리실무, 서울지방법원, 2001.

윤영신, 미국의 도산법, 한국법제연구원, 1998.

이영준, 물권법, 박영사, 2002.

238

이은영, 채권총론, 박영사, 1999.

임채홍·백창훈, 회사정리법(상), (하), 한국사법행정학회, 2002.

임치용, 파산법연구, 박영사, 2004.

정동윤, 상법총론·상행위법, 법문사, 1996.

_____, 회사법, 법문사, 1997.

최기원, 상법학신론, 박영사, 2001.

최도성·지헌열, 회사정리제도, 서울대출판부, 1998.

최성근, 일본의 기업회생절차에 관한 연구, 한국법제연구원, 2000.

최성근, 윤영신, 도산절차의 일원화에 관한 연구, 한국법제연구권, 1999.

한국개발연구원, 시장원리에 부합하는 기업 퇴출질서 확립을 위한 제
        도개선방안연구, 2000. 9.

국회 법제사법위원회, 회사정리법 개정 법률안 심사보고서, 2001. 3.

【논 문】

고원석, "할부계약에 있어서 매수인의 도산과 매도인의 권리", 리스와
        신용거래에 관한 제 문제(하), 법원도서관, 1994.

김동윤, "회사정리절차 및 화의절차에 있어서의 상계의 제한", 회사정
        리법·화의법상의 제 문제(재판자료 제86집), 법원도서관, 2000.

김성용, 개정 도산법의 개략적 검토(상, 하), 법률신문, 1998. 3. 12일자
        및 3. 16일자.

김재형, "회사정리계획에서 경영책임에 기한 주식소각의 기준", 상사판
        례연구(제5권), 박영사, 2000.

_____, "회사정리법, 화의법, 파산법의 개정내용과 장래의 과제", 한국
        법학원보 제78호, 1998.

김용덕, "회사정리절차와 채권자의 지위", 청주법률논단(제1집), 충북
　　법률실무연구회, 2000.

김효신, "회사정리법 제233조의 공정·형평성의 의미", 상사판례연구,
　　2000.

김　훈, "회사정리절차상 회사재산의 보전조치에 관한 비교법적 고찰",
　　해외연수검사연구논문집(제17집), 법무연수원, 2001.

박승두, 통합도산법(안)의 문제점과 개선방안, 한국산업은행 세미나자
　　료, 2003. 10.

박홍우, "정리채권 등의 신고·조사·확정에 있어서의 문제점", 회사정
　　리법·화의법상의 제 문제(재판자료 제86집), 법원도서관, 2000.

박형준, "회사정리법상 주주의 지위", 회사정리법·화의법의 제 문제
　　(재판자료 제86집), 법원도서관, 2000.

성낙송, "회사정리법상 주주의 의결권", 민사판례연구(제15권), 박영사,
　　1993.

신종신, "채권자가 동의하지 아니한 회사정리계획안에 대한 법원의 인
　　가", 산은조사월보, 1991. 12.

신용락, "회사정리절차 개시 결정과 근저당권의 확정시기", 사법논집
　　(제26집), 1995.

안상돈, "기업회생절차에서의 기업가치 분배기준에 관한 연구", 해외연
　　수검사연구논문집(제17집 1권), 법무연수원, 2001.

오수근, "회사정리법에서 평등·공정·형평의 개념", 민사판례연구(22),
　　박영사, 2000.

______, "회사정리법의 역사적 발전과정에 관한 소고", 민사판례연구
　　(16), 박영사, 1994.

______, "청산가치를 하회하는 정리계획안의 당부", 민사판례연구(23),

박영사, 2001.

______, "파산입법의 본질에 관한 연구-회사재건제도를 중심으로-", 「성곡논총」 제26권, 1995.

오석락, "정리계획 수립의 의의와 그 인가조건-서울고법 84라41호 결정과 관련하여-", 대한변호사협회지(제105호), 1985. 3.

우성만, "회사정리법상 담보권자의 지위", 회사정리법·화의법상의 제 문제(재판자료 제86집), 법원도서관, 2000.

이민걸, "회사정리절차상의 상계와 부인권", 민사판례연구(제17권), 박영사, 1995.

이철송, "회사정리의 정책성과 형평성", 인권과 정의(제187호), 1992. 3.

임채홍, "변태담보권자의 회사정리법상의 지위", 대한변호사협회지(제105호), 1985.

원용석, "정리계획안 작성·인가상의 문제점", 민사판례연구(제16집), 박영사, 1996.

채원식, "회사정리절차 개시와 근저당확정의 유무에 관한 고찰(상)(하)", 사법행정, 1985.

______, "회사정리계획의 인가 후의 변경", 사법행정, 1986. 5.

한국산업은행, "법정관리절차에 있어서의 정리계획 입안기준에 관한 연구", 산업은행조사월보, 1993. 8.

홍일표, 회사정리법상의 변제금지의 보전처분과 이행지체(재판자료 제38집), 법원도서관, 1987.

황한식, "회사정리법상의 보전처분", 회사정리법·화의법의 제 문제(재판자료 제86집), 법원도서관, 2000.

2. 일본문헌

【단행본】

高木新二郎, アメリカ聯邦倒産法, 商事法務研究會, 1996.

高木新二郎 外, 倒産法實務事典, 1999.

霜島甲一, 倒産法體系, 勁草書房, 1998.

渡邊光誠, アメリカ倒産法の實務, 商事法研究會, 1996.

三ケ月章 等, 條解 會社更生法(上), (中), (下) 弘文堂, 2001.

【논　문】

霜島甲一 外, "會社更生計劃の分析(1-10)", ジュリスト(No.378-399).

三谷忠之, "會社更生法上の相殺權とその制限", 判例タイムス" (제886호).

小島武司, "倒産節次と憲法的保障", 新倒産判例百選, 有斐閣, 1990.

志水義文, "認可更生計劃の效力", 會社と訴訟:松田判事在職の40年記念
　　　　(上), 有斐閣, 1968.

松下淳一, "會社更生手續における財産評定－擔保權の目的物の價額を中
　　　　心に", ジュリスト(No.1212), 2001. 11.

山內八郎, "會社更生手續における多數當事者の債權", 會社更生計劃の諸
　　　　問題, 一粒社, 1979.

田村諄之輔, "更生擔保權の目的物の評價", 新倒産判例百選, 別册ジュリ
　　　　スト, (제106호), 1990.

栂善夫, "會社更生法103條にいう雙務契約の意義", 判例時報(No.1070)

竹內康二, "更生計劃における公正衡平(1)", 新倒産判例百選, 別册ジュ
　　　　リスト, 1990.

242

坂原正夫, "更生計劃における公正衡平(2)", 新倒產判例百選, 別册ジュ
　　リスト, 1990.

石渡哲, "會社更生計劃における公正・衡平・遂行可能", 判例タイズ
　　(제866호), 1995.

中山顯裕, "更生計劃に關する諸問題", 現代裁判法大系(20), 新日本法規,
　　1990.

奧野善彦, "更生計劃の諸問題", 現代裁判法大系(20), 新日本法規, 1998.

3. 영미문헌

【단행본】

Brian A. Blum, Bankruptcy and Debtor/Creditor, Little Brown &
　　Company, 1993.

David G. Epstein, Steve H. Nickles and James J. White, Bankruptcy,
　　West Publish, 1993.

G. Newton, Bankruptcy and Insolvency Accounting: Practice and
　　Procedures, 1981.

R. M. Good, Principles of Corporate Insolvency Law, Sweet &
　　Maxwell, 1990.

Robert L. Jordan, William D. Warren and Daniel J. Bussel,
　　Bankruptcy, Foundation Press, 1999.

Thomas H. Jackson, The Logic and Limits of Bankruptcy Law,
　　BeardBooks, 2001.

【논 문】

Charles J. Tabb, The History of the Bankruptcy Laws in the United States, 3 AM. BANK. INST. L. REV. 5(1995).

Charles R. Sterbach, Absolute Ptiority and the New Value Exception: A Practition's Primer, 99 Com. L. J. 176(1994).

Chaim J. Fortgang/Thomas M. Mayer, Valuation in Bankruptcy, 32 UCLA L. Rev. 1061(1985).

David G. Calson, Proofs of Claims in Bankruptcy: Their Relevance to Secured Creditor, 4 J. Bankr. L. & Prac. 555(1995).

Derek J. Meyer, Redefining the New Value Exeception to the Absolute Priority Rule in Light of the Creditor' Bargain Model, 24 Ind. L. Rev. 417(1991).

Douglas G. Baird and Thomas H. Jackson, Bargaing After the Fall and the Contours of the Absolute Priority Rule, 55 U. Chi. L. Rev. 738(1988).

Kenneth N. Klee, Cram Down II, 64 Am. Bankr. L. J. 229(1990).

Julie L. Friedberg, Wanted Dead or Alive: The New Value Exception to the Absolute Priority Rule, 66 Temp. L. Rev. 893(1993).

Klaus Kamlah, The New German Insolvency Act: INSOLVENZORDN -UNG, 70 Am. Bankr. L. J. 417(1996).

Lucian A. Bebchuk, A New Approach to Corporate Reorganizations, 101 Harv. L. Rev. 775(1988).

Lucian A. Bebchuk and Jesse M. Fried, A New Approach to Valuing Secured Claims in Bankruptcy, 114 Harv. L. Rev.

2386(2001).

Maximilian Schiessl, On The Road to a New German Reorganization Law-A Comparative Analysis of the Draft Proposed by the INSOLVENZRECHTSKOMMISSION and Chapter 11 of the Bankruptcy Code, 62 Am. Bankr. L. J. 233(1988).

Manfred Balz, Market Conformity of Insolvency Proceedings: Policy Issues of the German Insolvency Law, 23 Brook. J. Int'l L. 167(1997).

Peter V. Pantaleo/Barry W. Ridings, Reorganization Value, 51 Bus. Law. 419(1996).

Robert M. Lawless, Realigning the theory and practice of notice in bankruptcy cases, 29 Wake Forest L. Rev. 1215(1994).

Thomas H. Jackson, The Fresh-Start Policy in Bankruptcy Law, 98 Harv. L. Rev. 1393(1985).

Timothy A. Barne, The Plain Meaning of the Automatic Stay in Bankruptcy: The Void/Voidable Distinction Revisited, 57 Ohio St. L. J. 293(1996).

Walter J. Blum and Stanley A. Kaplan, The Absolute Priority Doctrine in Corporate Reorganizations, 41 U. Chi. L. Rev. 651(1974).

• 저자 •

이원삼　•약 력•

충북대학교 법과대학 사법학과
충북대학교 대학원 법학과 법학석사
충북대학교 대학원 법학과 법학박사

기술보증기금 과장
현　한국기업데이터(주) 대전지사 팀장

한국비교사법학회 회원
한국기업법학회 회원

회사정리절차상 이해관계인의 권리제한

• 초판 인쇄	2006년 12월 30일
• 초판 발행	2006년 12월 30일
• 지 은 이	이원삼
• 펴 낸 이	채종준
• 펴 낸 곳	한국학술정보㈜
	경기도 파주시 교하읍 문발리 526-2
	파주출판문화정보산업단지
	전화　031) 908-3181(대표)·팩스　031) 908-3189
	홈페이지　http://www.kstudy.com
	e-mail(출판사업부)　publish@kstudy.com
• 등　　록	제일산-115호(2000. 6. 19)
• 가　　격	26,000원

ISBN　89-[illegible] [illegible] (Paper Book)
　　　　89-534-6161-8　98360 (e-Book)